弗洛伊德：世界，和你心里的一样

大师开讲

杨雅婷
杨雅强
编著

U1005416

全国百佳图书出版单位
时代出版传媒股份有限公司
黄山书社

图书在版编目（CIP）数据

大师开讲·弗洛伊德：世界，和你心里的一样 / 杨雅婷．杨雅强编著．
-- 合肥：黄山书社，2014.5
ISBN 978-7-5461-4442-9

Ⅰ．①大… Ⅱ．①杨…②杨… Ⅲ．①弗洛伊德，S.（1856 ~ 1939）
－语录 Ⅳ．①K811

中国版本图书馆 CIP 数据核字（2014）第 078022 号

DASHI KAIJIANG · FULUOYIDE SHIJIE HE NI XINLI DE YIYANG
大师开讲·弗洛伊德：世界，和你心里的一样　　杨雅婷 杨雅强　编著

出 品 人　任耕耘
选题策划　任耕耘　杨　雯
责任编辑　秦矿玲
特约编辑　李晓阳　赵迪秋
装帧设计　齐　娜
出版发行　时代出版传媒股份有限公司（http：//www.press-mart.com）
　　　　　黄山书社（http：//www.hspress.cn）
地址邮编　安徽省合肥市蜀山区翡翠路 1118 号出版传媒广场 7 层 230071
印　　刷　安徽国文彩印有限公司
版　　次　2015 年 6 月第 1 版
印　　次　2015 年 6 月第 1 次印刷
开　　本　880mm×1230mm　1/32
字　　数　120 千
印　　张　7.75
书　　号　ISBN 978-7-5461-4442-9
定　　价　28.00 元

服务热线　0551-63533706
销售热线　0551-63533761
官方直营书店（http：//hsssbook.taobao.com）

版权所有　侵权必究
凡本社图书出现印装质量问题，
请与印制科联系。
联系电话　0551-63533725

目录

弗洛伊德——心灵的探索者（代序）

提起弗洛伊德，即便对其知之甚少的人，脑海中也会浮现出一位目光冷静深邃、不苟言笑、留着络腮胡的老人，而且据说这位老人张口闭口离不开“性”。奥地利精神病医生和精神分析学家西格蒙德·弗洛伊德（Sigmund Freud，1856—1939）是精神分析学派的创始人，曾和爱因斯坦、马克思一起，被誉为对 20 世纪思想界影响最大的三个犹太人。他的精神分析理论对心理学、哲学、教育学、伦理学、文学艺术等领域都产生了重大影响。

我们无所事事时用手指敲打桌面，碰到很久不见的朋友突然忘了他们的名字，前一晚做了个怪诞的梦……这些生活中被我们忽视的事情却引起了弗洛伊德的关注，激发了他对于人类深层次心理活动的探索和研究。弗洛伊德在多年临床经验的基础上创立了精神分析理论，他认为我们的人格由本我、自我和超我三部分构成。潜意识中的本我代表着思维的原始程序，它按照享乐原则行事，迫切寻求生物性需求的满足，如食物和性欲的满足，其唯一的目的在于趋乐避苦。同属于潜意识的超我代表着良心、自我理想和社会准则，它按照至善原则行事，基本站在本我的反面，严格限制本我的享乐原则。大部分属于意识层面的自我代表着理性和机智，它依据现实原则暂时中止本我的享乐原则，仅仅给予适当满足，在本我与超我中间起调节作用。

根据弗洛伊德的观点，我们的梦代表着愿望的满足，而更为大胆的是，这些在现实中无法实现或被压抑的愿望在他看来多半和“性”有关。他认为我们每个人与生俱来都有生与死两种本能：生的本能即是爱的本能，包括自卫本能和性本能；死的本能则正好相反，代表着攻击和毁灭的欲望。我们的文明之所以兴起与发展，就在于对本能的压抑与升华。

就是这样一位观点新颖大胆、张口闭口离不开“性”的心理学家，拓展了心理学的研究领域，他的《梦的解析》也被誉为一部改变人类历史进程的伟大著作。

弗洛伊德的理论自问世以来，一直饱受争议，褒贬不一。随着心理学的发展，弗洛伊德思想的局限性也渐渐暴露出来，但他对人类心灵的探索和独到的见解仍然对我们有着重要的启发意义。

随着生活节奏的加快，我们的精神压力也越来越大。弗洛伊德曾说："我们的文明建立在对本能的压制之上。每一个体都必须作出一定的牺牲，如人格中的权力欲、进攻性及仇恨性。"他进一步预言道："天性刚烈、公开反抗文明要求的人将剧增，而天性柔弱的人，一方面要承受文化的压力，一方面又要抵抗本能的冲动，这种冲突所导致的神经症也会猛增。"不得不说，在社会发展如此迅猛的今天，弗洛伊德的预言显示出越来越强大的力量。

我们每个人都被抛在世界之中，需要适应社会的运行法则。在错综复杂的人生之路上，如何面对世界、他人、自我以及宗教，如何面对心灵的困扰，都是值得深思的问题。那么，就让我们跟随弗洛伊德走进他的心理学世界。也许，在这里我们能够找到自己寻觅已久的答案。

第一章
幸福来之不易

有人说幸福是快乐，有人说幸福是健康，还有人说幸福是爱情、财富和地位……幸福的理念因人而异，但人类追寻幸福的愿景亘古常新，这恰若法国思想家卢梭在《忏悔录》中所说的：“追求幸福乃是人类活动的唯一动力。”

幸福是生活的必需，却来之不易。现代人面临诸种生存的困境，其一便是心灵无法在满足与需要之间获得平衡。昨天还信奉知足常乐、安贫乐道，今天就欲壑难平，成为需要的奴隶。满足和需要，就这样时时撕扯着我们的灵魂。

抉择的痛苦、挫折面前的犹豫、繁琐而苦闷的生活……这一切折磨着我们，使我们狼狈不堪，却又无所适从。生活，似乎变成一种自我解嘲：一次次向人生峰顶的攀爬，都是为了让生命之手再次将我们推下谷底。

“明日隔山岳，世事两茫茫。”（唐·杜甫《赠卫八处士》）幸福恰若明日，和我们之间隔着层峦叠嶂。那么，我们究竟该如何获取幸福？不如试着去聆听弗洛伊德的智慧，或许，我们的心中自会烟消云散、豁然开朗。

幸福是什么

所谓幸福，在它的最狭窄的意义上说，来自被抑制的需要得到满足——最经常发生的是暂时的满足——被抑制的需要已经达到了很高的强度，就其根本的实质来说只能是一种暂时的经验。

当快乐原则所要求的任何条件放宽时，它就产生了一种只是稍微舒服的情感。我们就是这样构成的，以致我们只能强烈地感受到对比，而对它们本身的状态则感受不太强烈。因此，我们的幸福可能从一开始就被我们的构成限制住了。（《一个幻觉的未来》）

幸福通常是短暂的，它或许是稍纵即逝的快乐，或许是弹指之间的满足。就在我们苦苦寻找的时候，幸福却很可能已经擦肩而过。

曲折的幸福

（快乐原则）对于保护处在外界困难之中的有机体来说，它从一开始就是无用的，而且确实是十分危险的。在自我的自我保护本能影响下，快乐原则被现实原则所取代，现实原则不放弃最终获得快乐的打算，但要求并坚持使满足延迟实现，放弃它的多种可能性，在通往快乐的漫长而迂回的道路上暂时忍受“痛苦”。（《精神分析导论》）

如果幸福总是来得过于容易，我们还愿意珍惜吗？

在通往幸福的道路上，现实的坎坷让我们学会坚强，幻想的破灭让我们学会务实，只有尝尽人生的酸甜苦辣，我们才能懂得珍惜。那些唾手可得的幸福，又怎能称得上是真正的幸福呢？

通往幸福之路

每个人必须为自己找到他可以借以获得幸福的特殊方法。各种不同的因素将会在影响他的选择上发挥作用。这依赖于他可能在外部世界中获得多少真正的满足，依赖于他所发现的必须使自己有多少独立性。最后，他也把根据自己的愿望来改变外部世界的能力放在这种信念上。

有许多条道路，人类可以达到的幸福都可以借此来达到，但没有一条能肯定使他达到。（《一个幻觉的未来》）

为了能够获得幸福，我们总是会做各种各样的努力，然而谁都不能确定哪种努力可以直达幸福的彼岸。

不过，幸福的终点站也许就在我们心中，能否触摸到幸福，就在于我们是否能够对目前已拥有的一切感到满足。

心灵的财富

人们都有这样的印象，即一个人往往根据错误的标准做出判断，认为每一个人都在为自己寻求权力、成功和财富，并对已经获得这些东西的人表示羡慕，却忽略了生活中真正宝贵的东西。而且，在做这种一般的判断时，人们会面临一种危险——忘记多姿多彩的人性及其心理生活。（《一个幻觉的未来》）

人生中很长一段时间我们都在为财富、名誉、地位而不停地忙碌、奔波，在不知不觉中错过了太多美丽的风景。只有经历了人生的起起伏伏，品味了生活的酸甜苦辣，我们才明白心灵的财富无比珍贵，原来真正的富有是内心的充盈。

人生的目的

“人生的目的是什么？”这个问题已经问过不知多少遍了，却从来没有获得一个满意的答案。或许并不存在这样的答案。许多提问者补充说，假如人生真的没有目的，那么，生命就会对他失去一切价值，但是，这些威胁并没有改变什么。相反，人们好像有权不考虑这个问题，因为这个问题似乎是以人类种族的优越性来预测这种信念的，我们对这种优越性的另一种表达方式已经很熟悉了。谁也不会问动物的生命目的是什么，无非是使之用来为人类服务罢了。但是这也是不合适的，因为人类对许多动物除了进行描述、分类和研究之外还无能为力；有无数的物种甚至已下降到这个用途，还没等人类看到它们，这些物种就已经生存、死亡和消失了。（《一个幻觉的未来》）

“轻轻的我走了，正如我轻轻的来，我挥一挥衣袖，不带走一片云彩……”（徐志摩《再别康桥》）

人生也许本就没有目的。又或者，体验这无目的的人生就是人生给我们的目的。

人生中的痛苦

痛苦来自三个方面：来自我们自己的身体，它注定要衰老和死亡，甚至无法免除作为危险信号的焦虑和痛苦；来自外部世界，它能用最强大的和最无情的破坏力量对我们大发雷霆；最后，来自我们和其他人的关系。我们发现，具有这个最后起源的不幸或许比任何其他不幸更令人痛苦。虽然和来自其他根源的痛苦相比，这种不幸更是一种不可避免的命运，但是，我们仍然或多或少地要把它看作是一种恩赐的补偿。（《一个幻觉的未来》）

人生中的痛苦有很多种，生老病死、天灾人祸、社交危机……作为社会中的一员，我们不可避免要与他人沟通交流，而这其中可能遭致的误解和挫折，往往会令我们更难以忍受。

但这就是人生，没有谁能逃避其中的痛苦，也许就在我们和内心不断的抗争和妥协中，生命的意义得以昭显。

不要害怕痛苦

我们经验到的大部分“痛苦”都属于知觉类型，要么是对未满足的本能冲动的知觉，要么是对外部世界中某些事物的知觉，这些事物可能本身是痛苦的，也可能在心理结构中引起痛苦的期望，并被心理结构认为是一种危险。对这些冲动要求的反应和对这些危险威胁的反应，是心理结构的真实活动从中表现出来的一种反应，它能得到快乐原则或改变这种反应的现实原则的正确引导。（《精神分析导论》）

生活的经验告诉我们，没什么过不去的坎。昨天刻骨铭心的伤痛今天已经化为淡淡的酸楚，从前那些难熬的日子现如今留下的也只是一丝回忆。

既然一切都会过去，何必总要怨天尤人呢？不要害怕痛苦，不经历风雨，又何以见彩虹。

面对自我

在我自身内在方面，仍有很多需要克服的困难，每个人总是对暴露出自己精神生活中的细节相当不情愿，同时也担心旁人对它的误解所生的影响。然而，一个人必须能超越这些顾虑。（《梦的解析》）

因为担心被他人误解或嘲笑，我们总是把自己的内心封闭起来，很少有人敢于直面自己的内心，更别说将心灵的秘密赤裸裸地展现给他人了。

人可以逃出别人的视线，却永远逃不出自己的内心。摘下面具需要勇气，一旦我们迈出了第一步，等待着我们的或许会是一片真实的心灵净土。

联想可以疗伤

“发泄”并非一个经历心理创伤的正常人唯一可用的方法。这种创伤的记忆，纵然未被发泄，也会进入联想的大的情结中，与其他可能相反的经历一起，受到别的观点的矫正。例如，在一次意外事故后，对危险的记忆和（缓和了的）惊恐的重复出现会与其后所发生的救援和意识到当前安全的记忆联系起来。又如，一个人自卑感的记忆通过正视事实，认识自身价值等而得以矫正。一个正常人可以通过联想过程这样的途径而使与事件伴发的情感趋于消失。（《癔症研究》）

我们常常羡慕他人的幸福，却忘记自己其实也生活在他人的羡慕之中。消除心中负面情绪的方法不仅仅只有“发泄”一种，联想也可以疗伤。当我们意识到自己的处境并非很糟糕，甚至比很多人都幸运，抑或换个角度联想一下自己拥有什么而非失去什么的时候，抱怨、不满就会随之消失。

别拿健忘当借口

那些被人们普遍认为健忘的人……忘掉了他们所有的小许诺。忘记他人委托自己的事情，通过这样的方式向自己表明，在一些小的事情上自己不是不可信赖的，他们认为对这样的失误不应见怪或者说我们不应将这样的行为归于他们的品性，而应归于机能特性。

在这些情况下，其动机是掩蔽了的对其他人的相当程度的蔑视，遗忘成为达到这个目的的合法方式。

我们经常听到人们说："别让我去做这件事，我肯定会忘记的。"如果结果的确如此，人们一点也不感到奇怪，以此方式说话的人实际上已经产生了不去履行诺言的意向，而他自己又不想承认这一点。（《癔症研究》）

总拿"我忘了"当作不守信用的理由，这实际上是一种不负责任或者说少了些许担当的表现。归咎于遗忘的确是说服自己和别人原谅的一种方式，可总把健忘挂在嘴边，不免显得轻浮和虚伪。

不知勿言

任何熟悉我其他论述的人都知道，我从来不会把未确定的意见写成“断然的事实”，而且我会在获得更多知识后不断修改自己的主张，使之不会落伍。（《梦的解析》）

为了个人的私利或是仅仅因为虚荣心作祟，有些人会就一些自己并不了解的事情侃侃而谈，迫切渴望得到他人的掌声。

孔子云：“知之为知之，不知为不知，是知也。”（《论语·为政》）我们切勿自以为是，在不清楚事情的来龙去脉前，不宜过早下定论；对那些不甚了解的事情，我们还是严谨一些为好。

学会宽容

你们以宽容的名义提出的进一步要求是什么呢？或许当某些人说出了一种我们认为完全错误的观点时，我们应该对他说："非常感谢你们的反驳。你们保证了我们能避开自满的危险，并给我们机会向美国人表示，我们的确是像他们希望的那样'宽宏大量'。当然，我们并不相信你们所讲的东西，但没有关系。也许你们恰好与我们一样正确。毕竟，谁能知道谁是正确的呢？尽管我们相互对立，但请允许我们在我们的杂志上阐述你们的观点。我们希望，作为交换，你们也能够发表你们所否定的我们的那些观点。"（《精神分析新论》）

也许有人伤害过我们，也许有人误解过我们，可是想一想，谁又没犯过类似的错呢？不如从现在开始少一些埋怨，试着去学会宽容，学会释然。

生活需要幽默

我们某时看起来有意义的东西，现在看起来却毫无意义了，在这种情况下，那就是构成喜剧过程的东西……当我们出自心理学的需要赋予某一说法以某种重要性时，这个说法就显得很诙谐。但我们一这样做，又把它取消了。借助于这种“重要性”，我们得以理解各种事物。我可以断言，无论它（幽默）是否有思想，都是一种旨在从心理过程中获得快乐的活动。（《诙谐及其与潜意识的关系》）

生活中为什么有些人总是刻板固执，有些人却显得诙谐幽默？幽默的技巧可以学来，但倘若我们没有一个轻松的心态，只是强颜欢笑、故作幽默的话，也很难博他人一笑。

一个人眼中的了无生趣，在另一个人眼中可能充满乐趣。我们的心态决定了我们看待事物的角度。

幽默是一门艺术

通过听者对诙谐所作的不同反应很容易推测出诙谐的特点。有时诙谐是为诙谐而诙谐，本身并没有什么特别的目的；有时却的确服务于一种目的，即它是有倾向性的。只有具备一种目的的诙谐，才有可能惹怒那些不想听它的人。

凭直觉，我们根本不可能区分在倾向性诙谐中，哪一部分快乐来自其技巧，哪一部分来自其目的。因此，严格说来，我们并不知道我们在笑什么。（《诙谐及其与潜意识的关系》）

幽默要么只是单纯的快乐，要么其中隐藏着寓意，有时候我们把握不好其间的度，往往适得其反。

幽默是一门艺术，深谙其道的人可以妙语连珠，令听者捧腹或思考；而班门弄斧者却总是弄巧成拙，把幽默变成了无知和低俗。

幽默是最好的武器

通过外部环境来阻止谩骂或侮辱性的反驳这种情况是如此常见，以至于人们特别喜欢用倾向性诙谐来攻击抑或批评那些自称为权威的显贵们。因此，诙谐便成了一种抵制这种权威并逃避其压力的手段。（《诙谐及其与潜意识的关系》）

如今社会上充斥着各种声音，大事小事都可能引来无数的口诛笔伐，笔尖的论战最终似乎都会演变成无情的谩骂。或许人们太过于渴望挣得面子，却忘了辩论本是为了求同存异。

幽默其实是最好的武器，矛盾总因愤怒而升级，与其无休止地谩骂，不如试着幽默一点，宽容一点。

生活中的俏皮话

俏皮话使用了诙谐的全部技巧，而且语言的使用方法也没有把俏皮话和诙谐明确区别开来。俏皮话和诙谐的区别在于：逃脱了批评的那句话的意义没有必要是有价值的、新颖的，甚至是好的，只需要允许它能用这种方式被表达出来，即使它说的话是不寻常的、多余的或无用的，也未尝不可。俏皮话最显著的特点，是把被批评禁止的东西变成可能获得的那种满足。（《诙谐及其与潜意识的关系》）

“干掉熊猫，我就是国宝！”“跌倒了，爬起来再哭。”生活中这些俏皮话不胜枚举，大多数时候总会博人一笑。不过，会说俏皮话并不意味着懂得幽默，总是油嘴滑舌，反而会给人哗众取宠之感。

如何表达自己的想法

一般说来，一种思想能用各种不同的语言形式——各种不同的语词来表达。也就是说，不同的语词能同样恰当地表达某一思想……我们可以试着用其他语词尽可能精确地表达同样的思想。（《诙谐及其与潜意识的关系》）

无论是聊天、演讲，还是写作，表达某种想法并不是只有一种方式。

聚会时，我们可以诙谐幽默、妙语连珠；安慰他人时，我们可以晓之以理、动之以情；说服他人时，我们可以义正词严、坚持立场。

与人沟通交流时，总是生硬固执地坚持己见未免显得太过迂腐，视场合和对象的不同随机应变，效果或许会更好。

知足还是不满

每个人都不能非法地满足自己的要求，而应当使需要得不到满足，因为只有如此多的未满足的需要继续存在，才能产生改变社会秩序的力量。但并非所有个人要求都能够以这种方式得以推迟和转移给他人，所以，还没有一个解决这种冲突的确切方法。

关于这一冲突的结论，只有在走过了一段迂回曲折的理解道路之后，才有可能得出。（《“文明的”性道德与现代神经症》）

俗话说，知足者常乐。在人生痛苦的跋涉中，鞋子里的一粒沙不该是阻碍我们前行的借口，以平和的心态面对生活的得失，才能在逆境中生存。

不过，知足并非不思进取，不满也会带来进步，成为个人和社会发展的推动力。

无论是知足还是不满，最重要的是我们要明白自己到底想要什么。

及时行乐，还是克己修身？

实际上，我们每个人都有过这种时刻，即一方面承认这种生活哲理的正确性，另一方面又斥责我们的道德规范只知道向我们索取却不偿还给我们任何东西。既然我们已不再相信来世的承诺，亦即，不再相信以前所抛弃的东西在来世都将得到满意的报偿——顺便提一下，如果我们把抛弃看作信仰，那也还是会有极少数虔诚的信徒的——所以，“及时行乐”就成了一条严肃的劝诫。我将非常高兴推迟享受那些使人满意的东西，但我怎能知道我明天是否仍活在这个世上呢？（《“文明的”性道德与现代神经症》）

人生在世，难免会受到条条框框的束缚和良心的约束，我们无法指望来世，那么今生到底是要及时行乐，还是克己修身呢？

答案或许仁者见仁，智者见智，不过无论如何选择，我们都应该提醒自己，凡事皆应有度。及时行乐，小心乐极生悲；克己修身，切勿走火入魔。

不要封闭自己

一个人必须把自己的生活与他人的生活紧密地结合在一起，必须能够与他人建立起一种亲密关系，这样才能战胜自己生命的短暂。（《本能及其变化》）

我们也许会因害怕人性的复杂而逃避人群，也许会因追求清高的境界而远离人群。可是人生如此短暂，上天赋予我们生的机遇，为何要拒绝这生命的体验呢？

孤独的滋味其实并不好受，一旦我们将自己的心锁了起来，就很难感受到生活的阳光了。

认识自己

我们希望将自我，即我们每个人的自我作研究材料。但是，那可能吗？毕竟从本质上讲，自我是一个主体。它怎样才能变为一个客体呢？嗯，毫无疑问，它是能够变为客体的。自我可以其身为客体，一如对待其他客体那样对待自己，能够观察自己、批评自己，并且做无人知晓之事。这样，自我的这一部分是可以监督另一部分的。所以，自我可被分离。在其一些活动中，至少可暂时分离成不同的部分。随后，不同部分又可重新整合。（《精神分析新论》）

我们会通过观察一个人的言行举止，进而分析他的性格，评价他的为人。但似乎因为自尊和虚荣的缘故，很少有人乐意自我剖析。

最了解我们的人还是我们自己，如果我们都不愿认识自己，他人的赞许和责备又有多少价值呢？

挫折使人进步

从一般意义上讲，本能的心理价值与其受挫折的程度无疑也是一致的。设想有许多不同的人同样地进入了饥饿状态，随着择食需要的增强，个体间的差异将趋于消失，所有的人都表现出一种本能的共同特征。（《本能及其变化》）

在这短暂的一生中，人就像是在河里行舟，时而进、时而退。我们可以选择四处漂泊、随遇而安，但不要因为贪图安逸而自甘堕落。草木经历风吹雨打才能变得茁壮坚强，人经历挫折的洗礼才能激发潜力，不断进步，有时最曲折的路反而是通往幸福的捷径。

走自己的路

你们仅需考虑到种种强烈的情感因素，它们使很多人难以与别人相适应，或服从于别人；考虑到更大的困难正如格言所说的："有多少人就有多少观点。"当意见的分歧超越某一特定点时，最明智的做法就是分手，随后沿着我们与众不同的道路前进——特别是当理论的分歧包含实践过程中的变化时，更应如此。（《精神分析新论》）

我们的一生会面临无数次大大小小的抉择，有时候自己的主张不被周围人认可，甚至会招致嘲笑和讽刺。但请不要沮丧，人该拼搏的时候就要勇敢，该相信自己的时候决不要犹豫，选择走自己的路，或许前面的景色会更迷人。

避免感情用事

情感再次代替了争辩。这种事情在政治机构里是常常发生的。反对党的一名成员站起来，谴责内务部、军队、司法部等机构的某一弊政。对此，另一位与会成员，比方说政府发言人，会针锋相对地说，就是当众侮辱国家军队、王朝甚至民族荣誉感。因此他们说的是不真实的，这种神圣的荣誉感被当众侮辱是不能容忍的。（《精神分析导论》）

判断是非、选择方向时，理智对我们格外重要，此刻，如果感情战胜了理智，就很难作出正确的决断。

一个总是感情用事的人就像一只盲目的蜜蜂，只会蜇人，而不会采蜜，遇事首先想到的不是“为什么”，而是“凭什么”。人如果总是依照自己的爱憎和一时的冲动去处理事情，和一个任性的孩子又有多大区别呢？

在爱情中寻找幸福

恋爱除了给人在心理上的积极作用外，还可因男女双方间情感上的交流及相互关怀而打破人与人之间的孤独和疏离感。因此，我始终认为恋爱是人类追求幸福的一种较合理的方法。（《弗洛伊德传》）

在爱情中，幸福通常比较容易获得，一个甜蜜的微笑、彼此间的信任，抑或是节日时的小礼物，都能让对方感受到一份暖暖的幸福。

柴可夫斯基在《我的音乐生活》中曾说："意见和感情的相同，比之接触更能把两个人结合在一起，这样子，两个人尽管隔得很远，却也很近。"恋人之间彼此了解，惺惺相惜，会让人产生一种知己般的幸福感。

心灵之美

不要忘记，“美丽”只能维持几年，而我们却得一生生活在一起；一旦青春的鲜艳成为过去，则唯一美丽的东西，就存在于内心所表现出来的善良和了解上。（《弗洛伊德传》）

爱尔兰诗人叶芝曾在《当你老了》中写下这样的诗句：“多少人爱你青春欢畅的时辰，爱慕你的美丽，假意或真心，只有一个人爱你那朝圣者的灵魂，爱你衰老了的脸上痛苦的皱纹。”

韶华易逝，红颜易老，没有人能够抵挡岁月对容颜的侵蚀。然而心灵的美如同陈年的美酒，时间越久越香醇。

当一段真正的爱情来临之时，打动对方的不应只是美丽的外表，更重要的是内心的聪慧与善良。

消除偏见

我的信念是，每一个人都受深深植根于内部的偏见的支配，在他进行推测的时候，他不知不觉地为这些偏见服务。既然在这里我们有如此良好的理由来表示不信任，那么，只有冷静地投身其中，才有可能获得一个人自己的心理劳动的结果。（《精神分析导论》）

我们在揣摩一件事情的时候，往往都是站在自己的立场来分析问题，很难不带有主观色彩。在工作的处理和生活的抉择上，往往需要我们保持客观，从容理智地做出决断。其实有时候消除偏见并非难事，用心与人沟通，学会换位思考，最重要的是要懂得尊重他人。

不要逃避现实

神经症的利己本质就是逃离不满意的现实状况，进入一个相对愉快的幻想世界，这是它的基本目的。然而，逃离现实也正意味着逃离社会，这是因为神经症所要逃避的现实世界，是由人类社会和它所有的习俗所控制着的。（《图腾与禁忌》）

现实有时候是残酷无情的，它不会按照个人的意愿去改变，因而我们可能感到压抑，也可能感到绝望。我们抱怨他人不理解自己，可是如果我们选择封闭自我、独来独往，又怎能责怪他人的不解呢？

逃避现实就是逃避自身。生活是多彩还是昏暗，全因我们自身而不同，人不可能一辈子活在幻想的世界里，不妨试着坦然面对生活。

不要迷信权威

威信是被某一个体、一种作品或一种观念影响我们的一类支配性的东西。它直接麻痹我们的批判能力，使我们充满惊愕和崇敬。它似乎唤起像催眠中的“入迷”那样的感情。（《精神分析导论》）

生活中总有一些人迷信权威，他们格外喜欢引经据典，却从来没有自己的主见。

权威不等于真理，并非判断是非的唯一标准。不是说我们不能相信权威，只是不该轻信。世界上没有放之四海而皆准的真理，更没有绝对的权威。其实我们缺少的往往不是经验和教训，而是自己的思考和感悟。

人与人之间需要爱

在人们对不得不与之相处的陌生人产生的毫无掩饰的反感和厌恶中，我们可以认识到自爱即自恋的表现。在作为整体的人类发展中，正如在个体发展中一样，唯有爱——在它引起从利己主义向利他主义变化的意义上——起着文明因素的作用。（《精神分析导论》）

生活在这纷繁复杂的世界上，独自前行是异常艰难的，我们离不开与他人的交往。人人都渴望成为人生的赢家，但我们不能总想着得到，而不愿付出。人与人之间需要关怀，只爱自己叫作自恋，懂得爱别人才是真正的爱。

工作的烦恼

患者感到他在工作中缺乏乐趣，或者变得不能做好工作；或者，如果他被迫继续工作的话，他就会产生某些不良反应，如疲倦、眩晕或生病等。如果他是一个癔症患者，那么，由于器质性或功能性的瘫痪使他无法继续工作，他将不得不放弃工作。如果他是一个强迫性神经症患者，他将永远不能专心于他的工作。换句话说，他将通过延误和一再重复而把时间消耗在工作上。（《精神分析导论》）

工作常常令我们感到烦闷和疲惫，重复而无聊的任务无法使我们集中注意力，有些人就会一再拖延或者直接放弃。

人毕竟不是机器，要是无法忍受日复一日的忙碌，不妨抽出一段时间歇一歇。我们只有身心感到舒适了，工作才能顺心。

工作的重要性

没有什么方法比专心工作这种生活行为的方法更紧密地把个体与现实联系起来；因为个体的工作至少为人们在现实中和人类集体中提供了安全的一席之地。它使大量自恋的、进攻的甚至性爱的力比多成分可能转移到专业工作上和与之相关的人际关系上。（《文明及其缺憾》）

我们的工作通常都不是自己的爱好所在，但并不能因此就否认工作的重要性。因为工作的缘故，我们的生活才不会完全和现实社会脱节，通过工作获得的报酬也可以提高我们的生活品质，更重要的是，工作中的成就感往往能够使我们获得自我满足。

把工作当成游戏

作为成年人，他能够回想起童年时代游戏时所怀有的那种认真严肃的态度。如果把今天显然严肃的工作当成童年时代的游戏，他便可以抛却现实生活强加给他的过于沉重的负担，从而通过幽默的方式得到大量的快乐。（《达·芬奇对童年的回忆》）

大部分人在工作时都会感到枯燥和沉闷，因为工作往往不是我们的兴趣之所在，仅仅是谋生的手段。不过总是抱怨又能怎样呢？现实的压力容不得我们去逃避和放弃。不如把工作当成一种游戏，一步步解决其中的困难，一点点减轻心中的压力，设法寻求一丝轻松和快乐。

生活需要充实

当一个人没有特别的气质可以确定他在生活中的兴趣时，向每个人都敞开的专业工作就可以起到确定兴趣的作用，这是伏尔泰的明智劝告所指出的。（《文明及其缺憾》）

我们都曾幻想过，有一天变得富足，没有烦心事的搅扰，无忧无虑地度过每一个轻松悠闲的日子，甚至可以整日无所事事。可现实生活与幻想中的生活往往大相径庭，无休止的工作任务像一堵堵石墙，遮住了我们远眺的视线，也破坏了我们安闲的生活状态。

现实确实比不上理想，生活似乎过于纷杂，适当的休假和放松显得对身心尤为重要。可如果我们完全远离工作，等待我们的将会是空虚和无聊。

河水因流淌而清澈，生命因运动而精彩，生活因充实而充满意义。无论是兴趣还是工作，充实自己的生活才是最重要的。

丰富兴趣爱好

当任何选择达到极端时，它就会处罚自己，在这里把个体暴露给危险，伴随着任何一种排它的生活兴趣，这种生活兴趣总是证明不适当。就像一个细心的生意人避免在单方面调查他的全部资本一样，因此智慧也可能会同样告诫我们，不要只从一个方面期待获得我们所有的幸福。（《一个幻觉的未来》）

我们在工作上游刃有余时，可能会发现单调的劳作偶尔让人觉得有些乏味、无聊，此时不妨在业余时间培养一些兴趣爱好。开往幸福小站的火车不只有一列，说不定那些看似可有可无的兴趣、爱好会带给我们更大的惊喜。

接受不同的声音

我很熟悉如何说明这些反对者的行为，而且我也知道精神分析给这些人留下了最坏的印象。但我决心对我的对手们不予回答，只要我的影响还存在，我就不限制其他人成为我的论战者。（《精神分析新论》）

对同一件事，每个人都有自己的看法，无论是工作中，还是生活中，似乎每天都有不同的声音围绕在我们身边。遇到异议时，试着坦然接受那些不同的声音，会让我们更宽容和自信。

沉默也是一种武器

或许我的这种态度被误解了，或许人们认为我的脾气这么好，这么容易受恫吓，因此无须对我多加注意。这种看法是错误的。我也能像别人一样会骂人，会发怒，只是我没有那种使我能在大庭广众之下表达这种潜在情绪的艺术，因而我宁愿完全闭口不言。（《精神分析新论》）

当我们与他人产生分歧时，争吵甚至谩骂或许可以使我们在气势上压倒对方，但逞一时的口舌之快大多数时候并不能解决根本问题，反而会将自己的局限与幼稚表露无遗。

不要忘了沉默也可以是一种武器，有时候我们只需默默做好自己的事情。

诚实是一种态度

在一个人仔细听取了对他本身的批评意见，并且稍微注意他的对手们的意见之后，他除了全力维护他自己建立在经验基础上的信念之外，他不可能有其他作为。一个人应该为诚实地从事他的事业感到满足，而不应该奢望法官的判决，这是留待遥远的将来的事。（《精神分析新论》）

诚实是检验一个人品德高低的基本标准，也是一种为人处世的态度。生活中，我们更愿意获得诚挚的批评，还是虚伪的赞扬呢？善意的谎言固然可以让他人较少地受到伤害，但是一旦谎言被揭穿，后果可能不堪设想。

不论从事何种职业，坦诚待人永远都是一种值得尊敬的态度。

客观看待问题

任何一位对科学思想评价很高的人，都会尽一切可能在这门科学能起很大作用的地方，寻求每一种可能的手段和方法，来约束怪诞的个人爱好这个因素。（《精神分析新论》）

看待某一问题时，许多人会先入为主作出判断，主观上的爱憎很可能成为探寻真相途中的阻碍。

其实不只是科学这样的重大问题，面对生活中的许多事情，都要试着更客观些、理性些。抛弃个人情绪的干扰的确不易，但换来的可能是一个对所有人都更合理、更公平的结果。

人是自私的

在两个人之间持续很长的几乎每一种亲密的情感关系中——如婚姻、友谊以及父母和孩子之间的关系，都沉积着嫌恶和敌意的感情，只是由于压抑而感觉不到罢了。可是在同事之间的常见口角或者在下属对上级的抱怨中，这种嫌恶和敌意就多少公开化了。当人们集合成较大的单位时也会发生同样的情况。每当两个家庭联姻时，它们中的每一个都认为自己比另一个高贵或出身更好。就两个毗邻的城市来说，每一个都是另一个最嫉妒的对手，每一个小州都蔑视地看待其他的州。（《精神分析导论》）

有人说，人与人永远无法互相理解。或许这过于悲观了，但谁又能否认自私是人的天性呢？即使是面对最亲的人，我们仍然摆脱不了心中埋藏着的私欲。

人都是自私的，但人不只是自私的。生活中不能总想着自己，多一份宽容就能多一份谅解，多一份沟通就能多一份理解。

理性与感性的平衡

在很早以前，当我们还处于生命的严格法则之下时，我们就产生了一种反抗，反对思维规律的严酷性和单调性，反对实在性验证的需要。理性变成了敌人，剥夺我们享乐的种种可能。我们发现，只要我们脱离了理性束缚——哪怕只是暂时的——而非屈从于非理性的引诱，我们就能享受更多快乐。（《精神分析新论》）

中国人说“喜怒哀乐之未发谓之中，发而皆中节谓之和”（《中庸》），“哀而不伤，乐而不淫”（《论语·八佾》）。理性与感性的平衡才是中庸之道。

不要放弃理性

对“理性与科学——人类拥有的最强力量”的更深的敌意正伺机发作。它使人们宁愿舍弃“训练有素”的医生，而求助于巫医或自然疗法的治疗者；它对神秘主义的论断情有独钟，只要其所提供的事实能用以突破规律和法则；它使批判主义智昏，它歪曲人的知觉，把那些得不到证实的观点和意见强加在人的身上。（《精神分析新论》）

我们有时厌恶理性，很容易被感性的力量所左右，甚至冲昏头脑，做出错误的决定和判断。其实理性就像苦口的良药，虽然难以下咽，却时刻提醒我们，在面对任何事情的时候都要保持客观、冷静。

在实践中检验真理

完整的理论不会是现成地从天上掉下来的，如果有人在其观察一开始就给你们提供了一套无懈可击的完整的理论，你们可能就更有理由怀疑了。这样的理论只能是他推测的产物，而不可能是对事实进行无偏见考察的成果。（《精神分析新论》）

真理需要实践来检验，也需要在实践中完善。生活中大大小小的规律、准则无一不是在不断地推翻与重建中得以被人们接受和运用。

真理就像金子，之所以在哪儿都能发光，正因为它们在实践和时间中经历了锤炼、打磨。

脆弱的良心

在我们身上，几乎没有任何别的东西能像我们的良心那样，如此频繁地让我们与自我分离，如此容易地与后者相对立。我倾向于做那些我认为会给我带来快乐的事情，但考虑到我的良心不允许，我放弃了。或者，我屈服于一个过于强大的谋求快乐的欲望，从而做了某种违反良心的事情，而后我的良心用令人痛苦的责备处罚我，并让我为此行为感到羞愧。（《精神分析新论》）

良心有时很脆弱，内心被欲望扭曲所产生的能量如同火山喷发，可以轻易摧毁良心的屏障。

所以，当看到一个良心受损的人遭遇惩戒时，在谴责和叹息之后，我们也应该提醒自己：不要成为下一个违背良心的人。

良心需要培养

良心虽然存在于我们心中，但它并非是在人生之初就已具有的。（《精神分析新论》）

人生之始，人心到底向善还是向恶，答案或许因人而异。如果说良心是我们每个人内心的一颗种子，那么它需要的是细心培养而不是扼杀，需要的是不断精心保护而不是破坏。

人骗不了自己

每个人都知道，他自己总有一些非常不愿告诉别人或他自认为不可能告诉他人的事情。这些是他的“个人隐私”。他也有这样一个观念——这在自知心理上代表一个伟大的进步——人们有一些对自己也不愿承认的事情：他喜欢向自己隐瞒，为此，一旦它们在头脑中出现，他会突然住口，并极力把它们从脑海中驱赶出去。或许他注意到，一个明显的心理问题在这种情况下开始出现——他意识到他在自己隐瞒自己。（《精神分析导论》）

人可以欺骗别人，却欺骗不了自己。我们总是口是心非，甚至已经成为一种习惯，可最终心灵还是会像明镜一样映照出我们的真实面目。也许下一次审视自己的内心，我们会更坦诚一些。

不要让爱成为绊脚石

“过分宠爱”孩子的消极后果是扩大了对象失却（此即在任何危险性情境中保护孩子的对象）在与其他危险的比较中的重要性，它因而促使个体停留在儿童发展阶段，这一生活阶段的主要特征，是运动方面和心理方面的无助。（《精神分析导论》）

人们常说：“爱子之心，人皆有之。”家长爱自己的孩子并没有错，但请不要让这种爱变成孩子成长路上的绊脚石。

孩子就像小树苗，他们的成长需要适当的呵护和帮助，却不需要无原则的溺爱，否则日后当狂风暴雨来袭，他们怎能有勇气面对？

摆脱不了的情感

必须承认，理智思考并没有使我们消除厌恶、怀疑和不确定感。（《精神分析新论》）

客观、公正、理性，或许有些人能始终遵循这些准则来处理事情，但不得不承认，即便如此，他的内心依旧时时刻刻受到情感因素的影响和干扰，有时甚至必须拼命努力才能平复情感洪流的波动。

在我们生命的征途中，理智和情感都在扮演着非常重要的角色，它们可能成为朋友，也可能反目成仇，无论如何，它们都将陪伴我们终生。

时间可以治愈痛苦

痛苦的每一个决定因素都相应地具有它自己的合适时间，而且随着时间的推移，它们都会消逝……对于同一个女孩来说，在她长大成人、婚嫁生子之后，如果因某种毫无价值的饰物之毁坏而哭泣不已，那我们一定会认为是不可理解的。（《精神分析导论》）

随着时间的流逝，初恋的苦涩会渐渐变成一种甜蜜，幻想破灭的绝望也会因为阅历的增加而被当作一种经历。

时间可以治愈我们的痛苦，所以，假如此刻你感到难过，你不用着急，也不必慌张，明天一切都会好起来。

创造自己的精彩

研究同样取代了活动和创造。一个对宇宙所具有的复杂性、法则的宏伟有所了解的人，很容易忘掉其自身的微不足道。迷失在赞颂和充满虔诚之中，他太容易忘掉自己也属于那些活力的一部分，忘记一条路向他开放着，他根据自己的力量尝试着去改变这个世界注定过程的一小部分。而这个世界小部分并不比大部分缺少精彩和意义。（《达·芬奇对童年的回忆》）

青春年少时我们曾志向高远，憧憬着美好未来的无限可能，也踌躇满志地想要改变世界。我们忘记了，在这浩瀚的人海中，每个人都只是沧海一粟，仅以个人的力量去征服一切是不可能的。

随着年龄的渐长、阅历的增加，渐渐地，我们意识到了现实的残酷，那些年少轻狂的梦想被磨砺得不剩些许。但请不要难过，因为每个人都能创造属于自己的精彩，给家人带来一份感动，陪朋友渡过难关，做自己真正喜欢做的事……这些小事虽说看上去无法和年少时的鸿鹄之志相比，可谁又能忽视它们在我们生命中的意义呢？

第二章

心灵的解码

你是否在梦中经历过重生与死亡？你是否在梦中体验过飞翔与沉沦？梦境如此神奇又神秘，每一个夜晚我们都像是在过另一种人生——一种我们读不懂的人生。梦是我们与自己内心的对话，其中的每一次呼吸、每一滴眼泪并不是毫无意义的，因为弗洛伊德告诉我们：梦是我们愿望的表达。

可是，梦如何表达我们的愿望？我们的潜意识又隐藏着怎样的秘密？性除了身体上的欲望，还意味着什么？

作为精神分析学派的创始人，弗洛伊德对人类心灵的解码不仅改变了我们对自身的看法，也在一定程度上影响了人类文明的进程。带着种种疑惑，就让我们从梦开始，一起走进弗洛伊德那悠远而深邃的心理学世界吧。

梦是愿望的表达

梦，并不是空穴来风，不是毫无意义的，不是荒谬的，也不是一部分意识昏睡、而只有少部分乍睡少醒的产物。它完全是有意义的精神现象。实际上，是一种愿望的达成。它可以算作是一种清醒状态的精神活动的延续。它是由高度错综复杂的智慧活动所产生的。

我们将发现梦是具有意义的，而且绝不是一般作者对梦所说的“梦只是脑细胞不完整的活动产品”。相反，一旦释梦的工作能完全做到，那么就可以发现梦是代表着一种“愿望的达成”。（《梦的解析》）

从某个角度来说，梦并非虚无，古印度人甚至认为梦和现实世界没有本质的区别。我们在现实中渴望的却没有实现的愿望，往往会在梦境里得以实现。

梦就像是每个人的私人神话，我们自己就是其中的国王。

别让今天消失在梦境中

一、梦总是以最近几天印象较深的事为内容。

二、梦选择材料的原则完全迥异于醒觉状态的原则，而专门找一些不重要的、次要的、被轻视的小事。

三、梦完全受儿时最初印象所左右，而往往把那段日子的细节，那些在醒觉时绝对记不起来的小事重翻旧账般地搬出来。（《梦的解析》）

梦中的故事其实并非我们凭空捏造出来的，昨天的趣事、不经意间的一瞥、儿时的记忆……这些都可能在梦中出现，也许梦不能预言未来，但可以重现过去。那梦醒后的恍惚或许就是在提醒我们：把握现在吧，别让今天的一切消失在未来的梦境中。

解开封存于内心的秘密

“梦的显意”，就有如象形文字一样，其符号必须逐一地翻译成“梦的隐意”所采用的文字。因此，这些符号绝非以其原形的形态即可解释，它必须按符号所代表的意义来做这项翻译的工作。

将每一个影像均视为有意义，而绞尽脑汁地去找出每一个所代表或牵涉的文字，然后再把这些文字凑合成一个句子，这时它们再也不是毫无意义了，而很可能，成了一句漂亮动听、寓意深长的格言。（《梦的解析》）

哪怕再无聊的言语都能反映出一个人性格的某一面，更何况是我们的梦境。梦是我们愿望的达成，却也是人心最不可思议的谜团，或许解开了这个谜，也就解开了封存于我们内心的秘密。

释梦的任务

我们必须把显梦转化为隐梦，并解释在梦者的内心里，后者是如何变为前者的。第一项是一个实践性工作，因为它需要靠对梦的解释来完成，它要求一项技术；第二项是一个理论性工作，其任务是解释假设的梦的工作，它只算作一个理论。（《精神分析新论》）

梦即使显得再荒诞不经，它也在表达着我们内心种种隐秘的欲望，释梦的任务就是翻译梦的语言，找出背后的意义。而对于释梦者来说，仅靠实践或理论都是不够的，它需要理论与实践的结合。其实我们在阐释人生之梦时，又何尝不是如此呢？

在梦想中寻找自我

所有梦均为绝对的自我中心，每个梦均可找到所爱的自我，甚至可能以经过改装的面目出现。而梦中所达成的愿望也都不外乎这个自我的愿望。表面看来“利他”的梦内容，其实都不过是“利己”的。（《梦的解析》）

梦，或许它并不想隐藏什么，只不过我们不懂它的言语罢了。在梦境中飞翔或跌落，在梦境中死亡或重生，这些荒诞的景象就是梦自己的语言，它模糊矛盾的表象下却隐藏着每个人自我的秘密。

生活中我们也总是把自己当作主角，通过一个个梦来诉说自我的愿望。或许我们在失意时会刻意逃避现实，可是梦想不愿说谎，它想要的就是我们内心真正的诉求。

梦不见的未来

那么梦是否能预示将来呢？这问题当然并不成立，倒不如说梦提供我们过去的经验。因为由每个角度来看，梦都是源于过去，而古老的信念认为梦可以预示未来，亦并非全然毫无真理。以愿望达成来表现的梦当然预示我们期望的将来，但是这个将来（梦者梦见是现在）被他那不可摧毁的愿望弄成和过去的完全一样。（《梦的解析》）

梦中梦见的是期望，却梦不见未来。人生之路不能循着一个虚幻的路标前行，茫茫黑夜中的光亮要靠我们自己去找寻。如果一切都可预见，那么生活还有什么意义呢？

梦中梦的暗示

梦内容的一部分在梦里被描述为梦到底有什么意义——这有关"梦中梦"的哑谜……其意图是为了减少对梦里所梦见事物的重要性，即夺除其真实性。梦里所梦见的是梦的愿望，欲在醒后将之蒙蔽的事实。因此，我们可以很合理地假设，梦里所梦的是真实（真实的回忆）的呈现，而相反，那些梦里所表现的其他事物则是梦的愿望而已，等于说希望这被称为是梦的东西不会发生。换句话说，如果某一事件是以梦中梦的方式插入梦中，那么似乎可以很肯定地说，这暗示这事件是真实的——最肯定的了，梦的运作利用梦见在作为否认的方式，并且因而肯定了梦都是愿望达成的。（《梦的解析》）

我们有时会在梦中做梦，这梦中梦往往让我们在梦里虚惊一场。也许正如弗洛伊德所言，这只是梦在故意否定梦中之梦，而发生在梦中梦里的事情却正是我们最真实的愿望。

假如人生如莎士比亚所言是痴人说梦，那么人的梦想无异于梦中之梦。当人生的梦想不断被生活挫折摧毁时，有多少人还能坚守自己的心愿呢？

善用发散式思维

这些联想带给我们丰富多彩的内容：有对做梦的前一天或当天的记忆，有对过去事情的记忆，有反思，有争论（伴随着赞成与反对），有自白或探究。患者讲述其中一些，同时对另一些又一时想不起来。其中大多数都表明了与梦的一些元素有一种清楚的联系，这不足为奇，因为这些元素正是联想的出发点。

如果一个人能聆听这些丰富的联想，他很快就会注意到，与其说它们与梦的出发点有相同之处，不如说它们更与梦的内容相同。它们出人意料地解释了梦的各不相同的部分，填补了梦的各部分之间的空隙，并使各部分之间奇怪的排列得到清晰的解释。（《精神分析新论》）

梦的联想通常都是丰富多彩、发散而新奇的，这些看似互相之间毫无关联的内容，却往往能够很好地解释梦境中各个分离的部分。

当工作中遇到了难题，不妨也试着采用这种发散式的思维方式，从纷繁芜杂的信息中捕捉到那灵光乍现的一瞬，一切将豁然开朗。

脚踏实地地生活

梦中的结论不过是梦中原型的重现而已。通常，这重复出现得很不恰当，甚至插入一个很不相称的内容来，不过偶尔，就像我们最后这个例子所显示的一样，它运用得那么巧妙，以致乍看之下，我们会认为这是在梦中独立的心智活动，在这里我们要注意，精神活动虽然没有加入梦的建造，却能够将由不同来源的元素联合在一起，使具有意义，而且不产生矛盾。（《梦的解析》）

门捷列夫在梦中看见了元素周期表，凯库勒在梦中发现了苯分子的结构，这些人的故事听起来难以置信，却又是真实存在的。每个人可能都期望过梦能对自己的生活和思想有所启发，不过依弗洛伊德所见，梦中并不会发生独立的心智活动，至多可以对我们平日的所思所想进行总结罢了。

既然把生活和思想纯粹寄托于梦的启示并不可靠，那么不如脚踏实地，在现实世界不断中努力。

守护质朴的诗意

童年期的这段天真无邪的日子，在日后回忆起来，总令人想起“当时有如身在天堂”之感，而天堂其实就是每个人童年一大堆幻想的实现。（《梦的解析》）

我们在俗世中被种种欲望遮蔽了双眼，内心愈来愈留恋童年时代，不仅为那早已远去的时光，更为那份质朴无邪的诗意。孩童世界，是孔子所谓“思无邪”的完美状态。我们应该像守护理想一样，将它守护在心灵深处。

让梦想升华

我们这种"典型的梦"与童话、其他小说以及诗歌的关系并非巧合或偶然。有时诗人以其深入的自省、分析也可以发现，他的作品可以追溯到梦境本身，而诗歌只是由梦所蜕变出来的产品。（《梦的解析》）

泰戈尔在《奇梦》一诗中写道："虚茫的梦里，/广袤的大地，/像一个水泡在他心海浮动，/升起日月，升起暮霭、晨曦，/升起亿万个璀璨的星系。"

诗人是梦的魔术师，那些奇异美妙的诗句就是梦境的再现。其实人人都可以做人生的诗人，让梦想升华，让那捉摸不定的缥缈永远定格为灿烂星辰。

文学之梦

这所谓的人性中最深入的一面，这些引起读者们共鸣的诗篇，不就是由那些发生于童年时的精神生活的激动所演变成的不复记忆的影像吗？童年的愿望，今日再也不被容许，于是受到潜抑后，乃趁机通过这沦落天涯的断肠人的希望表现于梦。（《梦的解析》）

青葱岁月天真烂漫、无忧无虑，可谓生活在天堂中。可随着年岁的增长，我们失去的不只是童真，就连那些幻想与愿望也随现实一同破灭。此时，文学作品中绚烂多彩的世界、光怪陆离的幻想，或许就贮藏着我们最珍贵的回忆。

似曾相识的感觉

在某一时刻，或某一地方，我们会发现，这个地方这么熟悉，好像以前我们到过这里，但是经过努力回忆，发现自己以前确实没有来过这里。我也明白，人们在言语的表达上，将此习惯上称为“感觉”，但实际上这应是一种判断，更确切地说是一种知觉判断。

我认为将这种似曾相识的经验看作幻觉是错误的，实际情况是这样的，当时的情景确实触及了他以前曾经经历过的东西，只是我们无法将这种经历回忆起来，因为它还没有被意识到。简而言之，似曾相识的感觉与一种潜意识幻想的再现相对应。（《癔症研究》）

很多人都说自己有过梦境在生活中重现的经历，不过大部分人忽略了自己是在看到某人某事时，才回忆起自己好像做过类似的梦。当我们以为梦预言了现实时，其实是现实给我们的一种“感觉”，让我们觉得自己做过一模一样的梦。生活中那些似曾相识的感觉也如梦的预言一样，往往都是一种心理判断。当我们不由自主被这种感觉驱动时，应该给自己留下冷静思考的空间。

心灵的平衡

“被意识”首先是一个纯粹描述性的术语，它基于具有最直接、最确定的性质的知觉。经验不断表明，一种精神要素（例如：一种观念）通常并不是在时间上延续了一定长度的意识。相反，一个意识状态在特性上是特别短暂的；此刻作为意识的观念不一会儿就变了样，虽然在某些容易出现的条件具备以后它还会恢复原样。在这间隔当中，我们并不知道这种观念是什么。我们可以说它是“潜伏的”，这样说是意味着它在任何时候都能变成意识。或者，如果我们说它是无意识，我们也应当对它做出正确的描述。

意识与无意识的区别最终是一个知觉的问题，对它必须回答“是”或“不是”。（《自我与本我》）

如果人的整个心灵是冰山，浮出水面的意识只是冰山一角，水面下却隐藏着巨大的潜意识力量。如果我们忽略了心灵的平衡，冰山迟早会坍塌。

享乐需要束缚

降低需要的紧张程度会使我们的意识器官感到愉快，而增加需要的紧张程度则很快会使我们感到不悦。一系列愉快与不愉快的情感就在需要的紧张程度的波动中诞生，整个心理仪器就是借助于这个情感系列而调节着它的活动。于是我们称之为“快乐原则的控制”。（《精神分析导论》）

我们的潜意识遵循的“最高指南”就是享乐原则，它不关心道德、禁忌和法律，只求欲念和需求得到满足。若说享乐原则是任性的孩子，现实原则就是严厉的父母。父母牢牢监管着孩子的一举一动，指导他的行为，使其顺应外界现实的要求，反之则可能酿成大祸。

敞开心扉

我们把观念在成为意识之前所处的状态称为“压抑”……被压抑的东西是无意识的原型。

所有被压抑的东西都是无意识的，这仍然是正确的。但并不是所有的无意识都是被压抑的。（《自我与本我》）

潜意识是我们心理活动中无法认知或没有认知到的部分，其内容大都是我们努力想要忘掉的痛苦或不正确的经验，也就是那些被我们压抑的欲望和想法。潜意识有时会要求进入意识，倘若过度努力想要排除这些欲望和想法，往往容易罹患心理上的疾病。

因此，若有难言之痛，不妨向亲友敞开心扉吧。春寒料峭，远胜阴云密布的严冬；一时的尴尬与羞愧，总好过心中久久不愈的创伤。

警惕深藏的欲望

正方向的欲望深藏于潜意识层次，是我一再强调的基本观念，也是矛盾情感的一个特质。它将我们带进一个更宽广的领域里。在潜意识里的心理活动并不完全和意识层次相同，它们的活动范围比后者更加宽广。潜意识里的冲动并不需要在它的欲望焦点上出现，它可以显现在其他地方和借着其他人物来相连接，它可经由一种“替换作用”从我们的注意力中脱离，而到达它自己的地方。（《图腾与禁忌》）

生存需要、安全需要、享乐需要……深藏于潜意识中的种种欲望通常无法被我们察觉，一般情况下它们只是默默影响着我们的行为，不会给生活造成任何危害。然而，有时候这些欲望因为被压抑得太久，会在不经意间爆发出巨大的能量。

智者告诫我们，世上最难的事情，莫过于认识自己。

矛盾的心态

如果我们在潜意识中发现一种能与其对立面匹对而存的本能，其对立的本能必然也在活动。这就是说，每一个主动型性变态表现都有一种被动表现相对而伴：潜意识中的裸露癖同时也是窥视癖；受施虐冲动压抑的人，在决定其症状的因素中必然也存在受虐倾向的根源。（《性学三论》）

我们潜意识中的某种冲动总有与它相反的一种本能存在。

我们在生活中不难发现，有的人虽会感到自卑，却又处处表现出一种自负；有的人表面散漫拖延，内心却总是焦虑不安。

压抑与抵抗

我们假设，在这个讲堂里，在这些听众中间，他们的安静和专心令我不胜感激；但是有一个人在制造混乱，他的无礼笑声、叽叽喳喳的说话声、用脚在地上蹭来蹭去的声音干扰了我对所讲问题的注意，我不得不声明我无法继续讲演了。这时，你们当中有三四个身强力壮的人站起来。经过一场短暂的争斗，把这个扰乱者赶到了门外。于是他就被“压抑”了，我也能够继续自己的讲演了。为了防止干扰再次发生，为了防止被推出讲堂的人再次冲进来，那几位用行动实现我的意愿的先生用他们的椅子顶住了门，因而他们就在完成“压抑”之后又建立起了“抵抗”。现在如果你把门里和门外两个场所释译成精神分析术语“意识”和“潜意识”，在你的面前就呈现出一幅关于压抑过程的恰到好处的图景。（《精神分析新论》）

对那些我们无法满足或不愿满足的欲望，心理会建立一套“压抑—抵抗”的机制，不过在这之后，必须通过其他途径设法使这些欲望得到满足，否则我们内心依然会焦躁不安。

压抑来自内心

压抑来自自我，不过更确切地讲，压抑来自自我中的自尊。同样的印象、经验、冲动和欲望，一个人可以沉溺难拔或至少能通过意识的检查，另一个人则由于强烈的尊严而拒绝接受，甚至在未进入意识前就被扼杀了。两者压抑条件的不同可以用力比多理论加以描述。可以说，一个人为自己确立了一种理想，他以理想检验自己实际的自我；而另一个人根本就是没有这样的理想。（《压抑》）

有些人心中隐藏着另一个自己，那是他们理想自我的化身，他们模仿这另一个自我，渴望与他融为一体。

内心中另一个自己通常都是我们理想和期望成为的那个人，也许这能成为我们改变的动力，可理想总是高于现实，失败也在所难免。

有时候，人没有必要对自己太过苛刻，那理想的自我虽然美好，可毕竟无法取代真实的自己。

学会放松自我

理想的形成增强了自我的要求，是导致压抑的最强大因素。（《压抑》）

我们渴望成为好儿女，渴望成为好父母，渴望成为好朋友，渴望成为好同事……无数的理想在鞭策着我们前行，同时也带给我们压力和困扰。我们就像是盛夏天空中的云朵，渴望带给大地一片阴凉，却又受不了那似火的骄阳。

弦绷得太紧，怎能演奏出轻松优美的乐曲呢？试着放松自我吧，别太纠结于理想的束缚，换一换心态，缓一缓节奏，压力自然就能化解，生活会带给我们新的体验。

人生总有缺憾

焦虑不是在压抑中新创造出来的，它是根据一种已经存在的记忆意象而重新产生的一种情感状态。

焦虑是我们感觉到的某种东西，我们把它称为一种情感状态，虽然，我们也不知道这是一种什么情感。作为一种感觉，焦虑的一个尤为明显的特征是不愉快。

在压抑中，本能的代表是被歪曲的、被移置的，等等，属于本能冲动的力比多则被转换成焦虑。（《精神分析导论》）

在晴朗的日子里，总有阳光无法触及的角落。面对工作中不可能完成的任务，面对生活中种种意料之外的危险，我们每个人都会有焦虑的时候。人生本就充满变数，总有些事情让我们措手不及，而我们又无法逃避。

然而，没有缺憾和失落的人生不是完整的人生。用平和的心态面对社会，站在阳光之下，一切烦恼都会成为遥远的影子。

战胜私欲

超我不仅是被本我的最早的对象选择所遗留下来的一种沉淀物，它也代表反对那些选择的一种能量反相作用。它和自我的关系并不限于这条规则，即“你应该如此如此（就像你的父亲那样）”；它也包括这条禁律，即“你绝不能如此如此（就像你的父亲那样），就是说，你不能做他所做的一切，有许多事情是他的特权”。（《自我与本我》）

超我代表着良心和自我理想，按照至善原则束缚着本我，基本站在本我的对立面。

我们活在世上难免怀有私欲，但是良知是人之所以为社会人的本质。唯有处处克己，方能战胜私欲。

内心与外界的监督

自我基本上是外部世界的代表、现实的代表，超我则作为内部世界和本我的代表与自我形成对照。正如我们即将看到的，自我与超我之间的冲突最终将反映为现实的东西和心理的东西、外部世界和内部世界之间的悬殊差别。（《自我与本我》）

超我遵循一种抽象的道德理想，它代表内部世界和心理的要求；自我则更关注外界的准则，代表外部世界和现实的要求。

面对他人遭遇的不公，慷慨解囊、拔刀相助者也许怀有为善的真心，但也可能是迫于舆论的压力。不论出自何种目的，别忘了最终要倾听内心真正的呼声。

整体发展

从本能控制的观点来说，从道德的观点来说，可以说本我是完全非道德的；自我力求是道德的；超我能成为超道德的，然后变得很残酷——如本我才能有的那种残酷。（《自我与本我》）

虽然本我、自我和超我对于道德的要求各不相同，不过个体得到的反馈是三者共同作用的结果。超我过于严苛的道德要求和本我非道德的要求相互对立，却可以通过自我的调节得到解决。

正如交响乐要凭借不同的声部合奏出宏大的乐章，我们精神活动中的各种要素也需要相互作用、整体发展，才能建成完善而磊落的道德观念。

树立适当的自我理想

自我理想包含自我不得不默认的所有一切限制，因为这种理由，取消这种理想对自我来说必然成为盛大的节日——于是自我可能再次感到满足。

当自我中的某些东西与自我理想相符合时，总是出现狂喜的感情。而罪恶感（以及自卑感）也能被理解为自我和自我理想之间的紧张的表现。（《精神分析导论》）

自我理想是我们心中对自己的要求和期望的化身，它应当略高于自我，却又不能可望而不可即。对自我毫无要求、放任自流固然不可取，好高骛远、志大才疏则会让自我与自我理想背道而驰。

爱的两极

性欲型特征很明显。属于这种类型的人其主要兴趣——力比多的大部分——在于爱，对他们来讲爱比被爱更重要。他们最怕失去爱，因此对他们所爱的人有特殊依恋。即便是从纯粹的类型上看，这种人也是极为普遍的。该类型与其他类型融合，并表现出不同程度的进攻性，因而产生变体。从社会及文化的角度看，这一类型代表了本我的基本本能需要，而其他心理因素就变成次要的了。（《力比多类型》）

有的人唯恐失去爱，便紧紧抓住爱。他们没有意识到，其实爱像带刺的蔷薇。相互关心，真诚相待，它便是馥郁芬芳的花朵；过分依赖，索求无度，它则是无法挣脱的荆棘。

保守的危害

第二种类型我称之为“强迫型”——一个初看起来很奇怪的名称。这种类型以其超我的主导性为主要特征（超我在强大的压力之下从自我中分化出来）。该类型的人害怕失去良心而不是害怕失去爱。他们对内在的东西具有更大的依赖性，他们发展成了高度自我依恋的人。从社会的角度看，他们是文明的真正而又卓越的“保守器”。（《力比多类型》）

一个人克制自律、注重道德感的维系，确实可敬，但如果过于保守和自负，则有可能因循守旧，不思革新。

自我中心主义的危害

第三种类型名正言顺地被称为“自恋型”，实在是贬义甚多的一个名称。在自我与超我之间没有紧张关系（的确，就这一类型的力度而言，很难对超我作出假设），并且没有性需要的优势。该类人的主要兴趣在于自我保护，他们具有独立性，并不易受威胁，其自我中充满了大量的进攻性，并随时准备付诸行动；在性生活中对爱的偏好明显大于被爱。他们给人的印象是富有“个性”，尤其能帮助他人充当领袖，为文化的发展提供新的刺激或摧毁已有的事态。（《力比多类型》）

自我中心主义者在生活中喜欢指手画脚，容不得一点儿批评和指责。在适当的条件下，他们也许会成为人群中的亮点，然而病态的自恋可能毁灭自我。这正像那喀索斯（希腊神话中的人物，他爱上了自己的倒影），纵有惊人的美貌，却在河畔自顾怜影、无法自拔，最终沉入水底。

了解自己

在性欲—强迫型中，本能生活的优势因超我的影响而受到限制；对眼前人们的物品和对父母、老师及榜样的遗留品的依恋达到了极致水平。性欲—自恋型也许可视为最普遍的一种，它将对立面联合在一起，从而使之互相调和。与其他两种类型相比，这类人的自恋中攻击性及其行为占据了主导地位。最后，从文化的角度看，自恋—强迫型是最有价值的一种变体。它既有独立于外部世界的能力，又能满足良心的需要从事各种充满活力的活动，并加强了自我对超我的抵抗。（《力比多类型》）

现实生活中，混合型人格要远多于纯类型人格的人。不同的场合、不同的时间，我们所表现出来的人格特点也会不一样。了解自己属于何种人格类型也是认识自己的一种方法。

人格中的自我典范

本我的内容可以通过两条道路进入自我。一条是直接的，另一条是由自我典范带领的；自我的内容采取这两条道路中的哪一条，对于某些心理活动来说，可能具有决定性的重要性：自我从觉察到本能发展为控制它们，从服从本能发展为阻止它们。在这个收获中，自我典范占据了很大的一份，实际上自我典范部分地是对抗本我的本能过程的反相形成。（《自我与本我》）

自我典范是人格组成中渴望得到赞许并得到奖励的部分，如果行为符合自我典范的要求，便会产生自豪、美好、满意的感觉。

当我们发现内心中存在着最原始的欲望时，不必惊慌，经由自我典范的引导，它们也可以获得社会的允许和认同。

自我攻击

> 值得注意的是一个人越是控制他对外部的攻击性，他在自我典范中就变得越严厉——这就是越带有攻击性。普通的观点对这个情况的看法正好相反，自我典范树立起来的标准被视为抑制攻击的动机。可是，事实仍然像我们阐述的那样：一个人越是控制它的攻击性，自我典范对自我的攻击倾向就越强烈。（《自我与本我》）

自我典范在抑制人对社会攻击性的同时，对人本身提出了更加严厉的道德要求。它放弃朝外攻击，开始进攻人的内心。人的内心，成为严酷的道德战场，一旦触碰，便一发不可收拾。

开诚布公地面对问题

把性当作是对人性的抑制和耻辱的东西的任何人，将随意地使用更文雅的词“爱的本能”和“爱欲的”。我自己本可以从一开始就这样做，这样会使自己免遭更多的敌对。但我不想这样做，因为我不愿意向怯懦屈服。人们决不能说清楚这种屈服可能把你引向何方；人们首先在用词上屈服，然后一点点地在实质上也屈服。我看不出羞于谈性有何好处。（《精神分析导论》）

社会发展到了今天，人们对于性的话题依然讳莫如深，不少人谈“性”色变，性似乎代表了人类丑陋肮脏的一面。其实性欲是人的本能，也是正常人都有的需求。

在生活中，我们常常刻意回避某些问题，久而久之，便有了阳光照不进的角落，滋生出肮脏与黑暗。如果开诚布公地面对它们，反而会拂去心中的尘埃，让灵魂像明镜般敞亮。

本能的需求

性生活不是什么简单的下流的事，它也是一个严肃的科学问题。关于性，有许多需要了解的新奇的东西，也有许多奇怪的现象有待解释。

精神分析必须溯源到儿童早期，因为决定性的压抑发生在那时候，而此时他的自我是很脆弱的。（《精神分析导论》）

精神分析所指的性，并不是我们通常认为的性生活，它更多指向的是人的欲望和本能的满足，生理上的需求、对爱与被爱的渴望等都包含其中。从我们出生时起，正是这种满足需要和现实要求之间的冲突与调和影响着我们的心理健康。法国思想家蒙田强调，人应该“光明正大地享受自己的存在”（《论阅历》）。面对人合理的本能需要，我们“必须给予更大的时空”（《论饮酒》）。

影响人心的性本能

> 我的所有经验表明，这些精神神经症均源于性本能力量。我这样讲并不意味着性本能力量构成了病理特征（症状），而是想说明，性本能力量是神经症的最重要的唯一持续性的能源，于是这些人的性生活（无论全然、主要的或部分的）便在症状中表现出来。（《性学三论》）

弗洛伊德的泛性论认为，一个人从出生到衰老，一切行为动机都附带着性的色彩，而神经症的出现正是由于性本能受到压抑而得不到满足。

这听起来似乎略显悲观，甚至从感情上讲令人难以接受，但是从心理的角度讲，性本能确实影响着我们的精神生活，只不过弗洛伊德把他对神经症的研究得出的性结论扩大到了生活的方方面面。

正确引导儿童

儿童的性生活当然不同于成人的性生活。性功能从开始到我们所熟悉的定型阶段，经历了一个复杂的发展过程。它由众多目标各异的本性构成，经历了几个构建阶段，最后成为生殖功能。并不是所有本能成分都均等地发展成最后的生殖功能，它们必须经过转移、改造，有一小部分还要被压抑。这么漫长的发展过程并不总是一帆风顺的，发展过程中的停滞现象也是有的。在发展的早期阶段，也会出现部分固着。如果后来性功能的作用遇到障碍，性驱力——我们称之为“力比多”——可能会回归到这些早期固着阶段。儿童性行为的研究和向成熟的演化，已经启发我们认识到什么是性反常。（《性学三论》）

小孩子对自身的好奇，小男孩和小女孩会拥抱甚至接吻，自己的小伙伴如果和其他小朋友玩就会嫉妒生气……其实我们仔细观察，就会发现儿童从很早起就对身体有本能的好奇，并开始对异性有爱恋的意识。对于孩子的这些表现，家长需要正确引导，如果只是一味地责怪和处罚，很可能影响孩子未来的正常生活。

幼儿的性教育

婴儿性活动的应用代表着一种教育理想，个体在发展的某一点会有相当程度的差异性，有些回避升华的性活动会有所突破，有些则持续于整个潜伏期，直到青春期才强烈地暴露出来。凡注意到幼儿性活动的教育家，似乎同意了我们的观点，认为道德防御力量的建立是以性活动的牺牲为前提的，他们甚至知道，性活动使得某个孩子无可教诲：由于孩子无法战胜它，所有的性活动表现便被视为“坏”的。（《性学三论》）

性似乎总会和羞耻、邪恶联系在一起，人们往往对性的话题讳莫如深，可性又是人成长过程中无法回避的问题。

与其遮遮掩掩，不如试着去帮助孩子解读他们心灵和身体的密码。也只有让孩子在童年时期对性有正确健康的认识，他们在未来才可能找到真正的幸福。

禁欲的利与弊

我们的教育和文明以延缓性发展和性活动为目的，这种延缓刚开始时当然无害处可言。考虑到受过教育的年轻人要到很晚才独立并自食其力，这种延缓是必需的。但对20岁以上的人仍实行禁欲，则不可能不受到年轻男子的反对。即便这样做不导致神经症，也会招致其他的危害。

我认为禁欲不可能造就充满活力而自立的人，也难以产生创造性的思想家、勇敢的解放者或改革者，倒是容易造就一批“行为规矩”的弱者，他们在芸芸众生中失去了自我，并不情愿地听任一些强者的摆布。（《性学三论》）

禁欲对身心健康的影响，取决于禁欲者自身的认识和心态。

对于青少年而言，整日沉迷于欲念的冲动，无疑会对健康造成损害，而禁欲对于静心学习和生活会有所帮助。我们一旦成年并自立，同样也该意识到性是人类的本能，正常人都会有性的需求，正如古人所云：“食、色，性也。”

性欲与爱情

文明施以爱情的限制导致了贬损性对象的普遍趋势，这一事实或许应将我们对对象的注意转向本能自身。性快感早期受挫所造成的损害在婚姻中会表现出来，使本可以自由获得快感的夫妻得不到充分的满足。当然，若性自由不加以限制，结果也不会更好。显而易见，若性满足变得非常容易，性欲需要的心理价值就会降低，为提高力比多能力，挫折是必要的。在男人中，若对性满足的自然抵抗做得不够，他们就会随时建立习俗的障碍，以便能够真正地享受爱情，无论对个人或是一个民族都是如此。在毫无困难就可实现性满足的时间里，如在古代文明的衰落期，爱情变得一钱不值，生活变得异常空虚，不得不通过建立强烈的反向形成以恢复爱情不可或缺的情感价值。（《爱情心理学》）

没有性的爱情有可能存在，但称不上正常的爱情；而没有爱只有性就更谈不上是爱情了。

性与爱是和谐统一的，就像是光与热，只有两者融为一体，家庭才会美满，婚姻才会幸福。

性欲与道德

性本能必须与作为抵抗的某些心理力量作斗争，其中最主要的抵抗是羞怯和厌恶。可以设想，这些力量本来是限制本能的，使其不能正常发展，如果在性本能达到最强烈之前它们就获得了发展，那么，它们肯定会决定性的发展的。

可以设想，当文明的性道德占据主导地位时，个体的健康与效能会受到损害，而这种以牺牲自我为代价的损害若达到一定点，则最终导致文化的目的本身也受到损害。（《“文明的”性道德与现代神经症》）

性本能的最根本动力是繁衍后代，而关于性的道德就是建立在这个基础上，于是就有了婚姻的要求和责任。性本能不能没有道德和良心的约束，当然如果道德和良心剥夺了基本的性本能，结果也同样可怕。

幻想与现实

幻想的动力是尚未满足的愿望，每一个幻想都是一个愿望的满足，都是对令人不满足的现实的补偿。这些充当动力的愿望因幻想者的性别、性格和环境的不同而各异；但它们又很自然地分成两大主要类别。他们要么是野心的愿望，这类愿望提高幻想者的人格；要么是性的愿望。（《达·芬奇对童年的回忆》）

生活中我们都会幻想一些不切实际的事情，现实的愿望既然难以实现，只好依靠幻想来满足。通常这并不会给生活带来太大影响，但它们终究是水中月、镜中花，如果沉迷其中而不可自拔，甚至分不清幻想与现实，那我们就无法安心工作和生活了。

人人都做白日梦

长大了的孩子当他停止游戏时，除去和真实事物的联系之外，他什么也没抛弃；代替游戏的是幻想。他在空中建造楼阁，去创造所谓的“白日梦”。我相信大多数人都在他们的生活中的某时某刻构造幻想。

成年人却羞于表现自己的幻想，并且向其他人隐瞒自己的幻想。他珍爱自己的幻想恰如对待自己的私有财产那样。通常，他宁愿承认自己的不轨行为和过失，也不愿把自己的幻想向任何人透露。造成这种情况的原因可能是，他相信只有他创造了这样的幻想，岂不知在别人那里这种创造也相当普遍。（《达·芬奇对童年的回忆》）

白日梦是心灵与现实之间的缓冲垫。人人都会有做白日梦的时候，其实只要不沉溺其中，倒也不失为一种心灵的自我治疗，有时还能帮助我们应付生活中无法克服的局面。

控制自己的野心

在年轻的男子身上，自私的、野心的愿望和性的愿望相当明显地并驾齐驱。

青年男子必须学会压抑对自身利益的过分关注，以便在其他人也有着同样强烈要求的人际社会中找到可以适应自己的位置。（《达·芬奇对童年的回忆》）

无论事业上还是生活中，每个人都会有野心，这可能会成为敦促我们奋斗的动力，也可能成为妨碍我们认清现实的阻力。

山洪会如万匹脱缰的野马飞驰而过，虽然势不可挡、颇为壮观，却也肆虐着大地。人的野心如果失去控制，那伤害的也就不只是自己了。

第三章

生活中的心理学

不小心打碎了碗碟，无意间读错了书中的几个字，突然忘记了某人的名字……这些细节的背后可能隐藏着一些我们意识不到的东西。心灵就像是河面之下的暗流，一个人的行为举止都是心理活动在现实中的写照，要想纠正我们的行为，首先要医治我们的心灵。

通常我们不必在意一些小的过失，只要过得快乐就好。不过，每个人都可能会有解不开的心结，该如何应对成了我们不得不面对的难题。

如今生活的节奏越来越快，当我们在追逐一个又一个人生目标的时候，也不要忘了关注自己的心灵。恋爱中的苦恼、犯错后的罪恶感、变幻无常的情绪、无法平复的心病，这些问题都和我们的心理健康息息相关。

心理学或许复杂，但并不神秘，它一直就在我们的生活中。跟随弗洛伊德了解一些心理学知识，尝试在生活中运用，也许下一次遇到问题，我们的心情就会更轻松、更从容一些。

趋乐避苦乃人之本性

心理过程是受快乐原则自动支配的。就是说，我们相信，任何给定的过程都来源于一种不快乐的紧张状态，并因此为自己确定了这样一条道路，即它的最终问题和这种紧张的放松是一致的，亦即和避苦或趋乐是一致的。（《精神分析导论》）

趋乐避苦是人的本性，这无可厚非。人应该尽力使自己过得快乐，但是，不要将自己的快乐建立在别人的痛苦上。趋乐避苦，如何“趋”，如何“避”，才是关键。

隐喻的背后

在人们口头或书面表达思想的时候，有很多微妙的决定因素，这应引起我们的注意。我们相信，一般而言，我们可以自由选择适当地表达我们思想的词，可以自由地选择掩盖这些思想的想象。仔细的观察表明，我们还应考虑其他决定这种选择的东西，在表达这种思想的形式背后，无意的一瞥往往包含深刻的含义。当一个人形成对自己的判断的时候，他表现出的对句子的幻想和转折很少没有深刻含义的，其他的均作为背景，仅仅是对这个主题的描述，但这对讲话者也有很大的影响。（《癔症研究》）

人可以通过察言观色揣摩别人的心意，也可以通过文字语言的隐喻洞察一个人的内心世界。不仅要看他说了什么，更要仔细留意他隐藏了什么，隐喻的背后通常是我们最真实却不便公之于众的部分。

看一幅画，要学会欣赏“留白”之美；了解一个人，要学会理解话语之中的隐喻。那“无意的一瞥”，往往就是打开自我和他人内心世界的一把钥匙。

内心冲突导致言语混乱

这种真正的干扰因素，在发音和意思上和这个隐藏的单词有很多相似之处。人为歪曲和重组这个单词或表达——这个单词或表达与人们的粗俗的欲望相联系——其根本目的是：利用这种机会来暗示这种被压抑的思想或欲望的存在。另一方面，对单词的这种操作是如此的频繁，以致很难找到突出的东西，即使它并非意指人们的欲望。

用一个名字替代另一个名字，错误地说出了另一个人的名字，以及通过口误的方式对一个名字的认同等，都表明人们存在一种情感，而且由于种种原因，人们在当时的情况下又不能完全地将这种情感表现出来。（《癔症研究》）

言语混乱通常是由内心的冲突引起的，这种冲突最终导致口误。正常情况下，“我口说我心”不容易产生失误。然而，当外界环境不适合让我们说出内心真实想法的时候，口误也就有机会产生了。

闪失行为的警示

失落、撞倒、打破东西等行为，通常用以表达一些潜意识的思想。

粗看来，人们做出的行为很粗鲁，像痉挛性的失调动作，但这些动作由一种意向或动机所控制。而通过有意识的行为，人们一般又不能达到这个目的。这样的行为有两个特点——粗暴和无过失的目的——与癔症的行为表现是一致的，部分类似于梦游症的动作特点。（《癔症研究》）

一般情况下，我们的理智牢牢控制着我们的行为，内心的不满和烦闷不容易发泄出来。可一旦潜意识里的情绪超出了理智的驾驭，我们往往就会出现一些看似无意识的过失。

就像地震之前自然界会出现异常现象向我们发出警示一样，生活中一些匪夷所思的小错也在提醒我们，心理健康的隐患不容忽视。

在错误中认识自己

在出现误差的地方，其背后总是有压抑的东西存在。（《癔症研究》）

细细想来，我们每天犯过的错其实不胜枚举，日落时梳理一天的生活，有些错会令我们辗转反侧、难以入眠，而另一些则如过眼云烟般悄然离去。

无论是重大的错误，还是无关紧要的小错，它们背后都隐藏着一个更真实生动的人，也就是我们自己。在错误中，我们不仅能学到人情世故和处事之道，也能看清平日里看不到的自己。

还有什么能比在错误中进步更刻骨铭心的呢？所以说，人不怕犯错，怕的是不反思自我。

人人都会犯错

人们生活中的重大的抉择或科学上的关键判断……只有那些为数很少的，有最好的适应性的人，才有可能防止外界客观画面的歪曲，这种歪曲往往发生在那些有辨别力的个体身上。

人们有意识地防止这种失误发生的动机失败得多么彻底。（《癔症研究》）

你是否曾有即使谨小慎微，却依然出现纰漏的时候？有时候我们越小心，越容易犯错。

人非圣贤，孰能无过？犯错大部分时候是因为我们太害怕犯错，既然如此，与其唯唯诺诺、缩手缩脚，不如勇敢地放手一搏。

记忆是珍贵的宝藏

成人的记忆需要利用很多心理材料。有的人以视觉材料为主进行记忆，他们的记忆具有视觉性的特点，而另一些人在他们的记忆中则很少有视觉的形象，据沙可的假设，这样的人是听觉性的，以区别于视觉性的人。（《癔症研究》）

记忆是一幅多彩的画卷，可以浓墨重彩，也可以轻描淡写；记忆是一段曲折的旋律，可以高亢激昂，也可以低吟浅唱。生活中的点点滴滴随着时光悄然而逝，记忆却是留驻在我们心中不变的风景。不论带来欢乐还是悲伤，它都是最珍贵的宝藏。

童年记忆的重要性

人们童年早期保留下来的记忆似乎都是一些无足轻重的和不重要的东西。另一方面（通常如此，尽管不敢肯定都是如此），成年的记忆印象中没有任何线索能够说明这些早期的记忆哪些是重要的及对我们的影响比较大的。

这种似乎微不足道的童年记忆有巨大的力量与我们伴随相当长的时间。

我们应该感到惊讶的是，在后来的生活中，我们保留的这种童年的心理过程是如此少，特别是在我们有很多理由认为这种童年遗忘的东西不会消失，而且会给我们的发展带来明显的影响时更应如此，甚至我们已经证明这些东西会影响我们的一生。（《癔症研究》）

童年对一个人的影响往往是根深蒂固的，就好比一座大厦的根基对整栋建筑的作用。我们童年时代形成的观念和认识，通常很难改变。

我们对童年的记忆并非总是鲜明准确，但童年对人的影响大多时候是细雨润物、潜移默化的过程，这种看似渺小的浸染有着极为强大的力量。

记忆中的不快

在涉及民族的风俗以及历史的传说时，我们会发现，风俗、传说延续的动机是这样的：人们以此来消除民族记忆中那些令人不快的东西。通过仔细的研究，我们会发现，一个民族的民族习惯的存在方式和个体的童年经历的存在方式有很大的相似之处。（《癔症研究》）

据说“年”起初是一种怪兽的名字，由于它经常出来伤害百姓，人们便制造出鞭炮，把“年”给赶跑了，这便是春节的由来。如今过春节燃放爆竹早已不是为了驱赶怪兽，而是要营造欢乐祥和的氛围。

和民族的记忆一样，每个人都会趋向于忘掉痛苦，记住的大都是欢乐。因此，遭遇困境时不要过于悲伤，在日后的记忆中，不快与缺憾亦有可能变成美好。

记忆与遗忘

遗忘是一个自然的过程，这一过程是需要一定时间的。我们强调这样的事实，遗忘对我们获得的印象材料有特定的选择性，同样，对每一个印象或经验的细节也有相应的选择性。我们知道，一些被遗忘的东西又被人们想起来，或又被唤醒，这是有条件的。（《癔症研究》）

生活中的琐事通常会随着时间的流逝而渐渐被遗忘，但是那些在生命中留下过深刻印迹的人或者刻骨铭心的经历，即使过了很久我们仍然会记忆犹新。记忆是有选择性的，遗忘亦然。

不惧重复

我们自己的本土语言中的词汇很少出现较多的遗忘现象，因为我们日常使用的频率很高，但外语中的词汇的遗忘屡见不鲜，遗忘外语单词的倾向涉及言语的各个部分。由于外语的不规则性，我们本身的健康状况和疲劳程度的影响，我们对外语的掌握有很多困难，再加上这种遗忘似乎是一种初级的心理功能混乱。（《癔症研究》）

我们或多或少都有过背外语单词的苦恼，其原因在于，语境的缺失降低了我们使用外语的频率。正如弗洛伊德所说，高频率重复会大大降低遗忘的几率，因此各国人使用母语的遗忘率普遍较低，而对于掌握外语，则需要付出加倍的努力。

与语言的习得一样，面对任何困难的工作时，都不要惧怕重复。花朝月夕，源自星球周而复始的运行；瓜果飘香，源自农夫年复一年的耕耘。有益的事物重复多次，必将产生由量到质的飞跃。

承受痛苦

健康正常的人也会有很多类似的表现：当这种印象与不愉快的经历相联系时，这些印象便通过抵抗被遗忘了。一个人消除这些萦绕自己的痛苦记忆，以及由此产生的诸如悲伤和良心的谴责这样痛苦的情绪是不可能的。（《癔症研究》）

生活中我们并非总是一帆风顺，总有受伤和痛苦的时候，我们挣扎着想要忘却，可心灵的伤口依旧在隐隐作痛。

对于痛苦的遗忘只是暂时的，我们假装一切都不曾发生，假装无忧无虑，可是总有面对真实自己的那一刻。或许我们应该试着跨过这个坎，即使承受着痛苦的记忆，照样可以继续勇敢地生活。生命之河在暴风雨中浑浊不堪，只有裹挟着泥沙走远，才会越来越清，越来越宽。

疏导负面情绪

它使最初没有发泄的那种观念的作用力，通过言语途径而发泄受压的情感，使其不产生作用。它借助于（在轻度催眠下）把这种作用力引入到正常意识，使其受到联想性的矫正，或在伴有记忆缺失的梦游状态下，通过医生的暗示而消除。（《癔症研究》）

在精神分析的顺势疗法中，通过医生的提问和自己的回答，病人将负面情绪表达出来。负面情绪有了某种疏通的渠道，“负能量”便获得了释放。

在日常生活中，我们也可以试着心平气和地将烦恼表达出来。冲开阻塞河道的巨石，河流才能自由地奔向海洋；负面情绪烟消云散，心灵才能得到彻底的放松。

有一种催眠叫爱情

从爱到催眠显然仅一小步之遥。这二者一致的方面是明显的。对催眠师就像对被爱的对象一样，都有同样谦卑的驯顺，同样的盲从，同样缺乏评判。主体自身的创造性同样出现呆滞：没有人会怀疑，催眠师步入了自我理想的地位。仅仅是在催眠中，一切甚至更清晰并更强烈，以至于用催眠解释爱比用其他方式更为中肯。催眠师是唯一的对象，除他之外没有注意到任何人。（《精神分析导论》）

爱情就像是催眠，追求者变得谦卑顺从，即使困难重重，也会想方设法取悦恋人，奈何旁人苦口婆心，其仍像着魔一般专心地爱恋着。

爱是相互的

一个人对另一个人先爱后恨（或者相反）是因为那个人给了他这样做的理由。（《自我与本我》）

爱，在青春年少时显得神秘而狂热，随着时间的推移，爱变得越来越温柔细腻，平淡中也隐藏着丝丝浪漫。两个人之间的这份爱是相互的且公平的，在一段关系中，即使最终双方无缘相依为伴，却也分不出谁胜谁负。

我们爱一个人，是因为其值得我们爱，值得我们为之付出精力和关心。爱，无论是亲情、友情还是爱情，我们付出了，总会有收获。

要爱情，还是要尊严？

在爱情关系中，不被爱降低了自尊情感，而被爱则增强了自尊。（《爱情心理学》）

要爱情，还是要尊严？恐怕对于深陷爱情旋涡中的情痴来说，这根本就不是一个问题。颜面和尊严在心动那一刻便被爱情的魔力击败了，被蒙蔽了的不仅是往日明察秋毫的判断力，也是曾经引以为傲的尊严。

其实，爱情要得到，尊严也不能丢。爱情中或许没有绝对的平等，但可以有相互的尊重和理解。

被爱的那个人不该可望而不可即，也不该强词夺理、我行我素。恋人往往最初都是朋友，而在两人相处的时候，又是哪一方忘了恋人也该像朋友那样互相信任和尊重呢？

爱恨就在一瞬间

还不明确的爱的感情开始是用敌意和进攻趋势表达自己的。因为在这里可能是这样，在向对象精力贯注中的破坏成分匆忙前行，只是以后性爱成分才加入进来。（《自我与本我》）

有时候爱情变成了爱恨之间剪不断理还乱的纠缠，有时候爱情变成了渴望互相征服的一场战争。

爱情，是两颗心的碰撞，在相互间的试探与努力过程中，或许会有一方显得更为主动或强势。

但爱情终究不是游戏，也不是战争。爱恨往往就在那一瞬间，恋爱中的彼此需要互相尊重、共同付出，爱情才能天长地久。

爱他人前学会自爱

力比多的对象贯注并不会增强自尊，对所爱对象的依赖结果降低了自尊情感：恋爱中的人是低劣的。也就是说，爱别人者失去了自恋的一部分，只有被爱才能将其替代。在所有的条件下，自尊似乎总与爱的自恋因素有关。（《爱情心理学》）

恋爱中的人就像是诗人笔下的傻瓜，他们用情专一，整日幻想着下一次约会的情形，生活的注意力全都转移到了恋人身上。

爱情中没有完全的平等，但是，一个人不能因为爱他人而太过委屈自己。完全舍我的爱看似无私，实则病态；懂得爱他人的人，首先要学会自爱。

爱情要在欣赏中提升

被爱的对象享有某种程度上的免受挑剔，其所有特征比没有被爱的人或者比他本人还没有被爱的时候，都评价得高些。如果性感的冲动或多或少有效地被压抑或被阻止，那么产生的错觉就是，将按其精神上的优点从性感上爱上这个对象。然而恰恰相反，这些优点实际上仅仅是靠其性感上的魅力而被赋予这个对象的。（《精神分析导论》）

热恋中的情侣从来都是冲动而盲目的，以为全世界只剩下彼此相依。情人眼里出西施，在爱的魔力中，脾气变为个性，缺点变得可爱。

若是对这种错觉信以为真，当爱的热度退却时，失望与懊恼不免紧跟而来。只有在相互欣赏中不断提升，方能获得长久的幸福。

婚姻是两个家庭的结合

在文明社会里，丈母娘经常是有趣的笑话题材，令我相信这两人的情感间包含着尖锐对比的成分在内。我认为，他们的这种情感关系事实上是“矛盾的”，是由柔情和敌意这两种对立的冲动构成的。

这些冲动中有一部分是显而易见的。在一方面，丈母娘很不情愿自己的女儿离开，不信任那个接受了她的女儿的男人，这完全是一种要保持她在自己家中建立起来的主宰地位的冲动。在女婿方面，他决意不愿屈服在任何人的意志下，嫉妒任何先前曾拥有他妻子情感的人。

（《图腾与禁忌》）

或许恋人们都希望婚姻只是两个人的事，可现实中只有爱情是两个人的事，婚姻不仅是两个家庭的结合，而且是多种社会关系的包容和接纳。当一对小情侣要走进婚姻的殿堂时，两个家庭的因素就渐渐凸显，恋人们不仅要处理好彼此的感情，更要充当好两个家庭的调和剂。

自卑感

自卑感有强烈的性爱根源。假如一个儿童认为自己不被喜爱，就会产生自卑，成人也是这样。但自卑感的主要部分来自于自我与超我的关系，犹如犯罪是自我与超我之间紧张状态的流露一样。概言之，自卑感与罪疚感是难以分开的。把前者当作是对道德自卑感的性爱补偿，这也许是对的。（《精神分析新论》）

不要太自负，否则遭遇打击后可能会一蹶不振；也不要太消极，人各有所长，取长补短才能进步。即使总也赶不上别人，没关系，努力过就好，因为在人生的征程中真正的对手是自己。

罪恶感

罪恶感的问题基本上是在歇斯底里和歇斯底里式的状况中发现的。这里，使罪恶感保持无意识的机制是容易发现的。歇斯底里自我挡住令人苦恼的知觉，它的超我的批评正是用这令人苦恼的知觉来威胁它，同样，在这个令人苦恼的知觉中歇斯底里自我习惯于挡住不可容忍的对象精力贯注——依靠压抑的行为。所以，正是自我才对保持无意识罪恶感负责。（《自我与本我》）

罪恶感要么是一种不切实际的幻想，要么是做错事后害怕遭受惩罚的一种感觉。人如果长期活在罪恶感的阴影下，情绪就会变得反复无常，终日寝食难安，甚至会终结自己的生命。

我们任何人都有过罪恶感，一旦无法及时疏导和消除，则会严重影响正常社交和生活。“不做亏心事，不怕鬼敲门”，想要获得心灵的平静，最好的办法就是品行端正、正道直行。

人的良知

什么叫“良知”？从语言的角度来说，它是和一个人的“最确实自觉”有关。事实上，我们很难把“良知”和“自觉”这两个词在某些语言里区别开来。

良知，是我们对某些特殊欲望由排斥而产生的一种内在知觉。这种排斥不必寻求任何理由。最明显的例子是罪恶意识，即对我们某些行为（满足某一特殊欲望）的内在厌恶。任何具有良知的人，在他内心深处必然有着对这种厌恶的判断，和对他的行为夹带着自责。（《图腾与禁忌》）

良知，就是天赋的道德观念，一种羞耻感和敬畏感。有些人因为良知的泯灭变得无所畏惧，故意挑战人们的道德底线，甚至践踏法律，而且不以为耻，反以为荣。面对当今社会严重的精神危机，在强调人性自由的同时，我们也要坚守道德的底线。

良知与罪恶感

我们在强迫性神经症中发现了一个特质：过分的良知（正直）。这也是一种在潜意识里与潜伏的企图斗争所产生的症状。如果它们的疾病日益恶劣时，他们将受到强烈罪恶感的压迫。

我们惊异地发现，罪恶感是构成焦虑的极大因素。我们可以证据确凿地将它形容为“良知的惧怕”。可是，焦虑是代表潜伏的来源。有关神经症的心理学已经告诉我们，如果一种欲望被压抑后，它们的原欲将转变成焦虑。这种观点使我们认识到，除了罪恶感以外，一定还有某些东西在潜意识层次里与它们相关联着，这也是人们采取拒绝和否认行为的原因。附着在罪恶感上的焦虑，也正和这种未知因素有关。（《图腾与禁忌》）

我们的欲望常常受到压抑，良知很可能被误用为一种罪恶感。而潜伏在人心里的罪恶感倘若失衡，就会给个人、家庭、社会造成诸多问题。我们要把握罪恶感和良知间的界限，使两者坚守各自的疆域。如此，良知才不会转化成罪恶感。

罪恶感的警示

无意识罪恶感的增长会使人们成为罪犯，这一发现是令人惊讶的。但这毫无疑问是一个事实。在许多罪犯身上，特别是青少年罪犯的身上，人们可能发现在犯罪以前就存在着非常强大的罪恶感，所以罪恶感不是犯罪的结果，而是它的动机。（《自我与本我》）

在人格的发展中，一些人因为家庭或社会的问题会产生深深的无意识罪恶感，只有通过犯罪并得到相应惩罚，他们才会感到释放和愉悦。

我们通常认为犯罪会给人带来罪恶感，弗洛伊德却将无意识罪恶感作为犯罪的动机，这种观点不可谓不新颖，或许也有助于解释一些动机不明的犯罪行为，并警示我们应该及时疏导内心中的罪恶感。

不要刻意压抑情绪

因为创伤对反应有排斥性，这使患者对心理创伤无反应。例如一个所爱的人死去显然是无可补偿的事，或者社会情境不能产生一种反应，或者这是患者希望忘却的事情，因此有意从他的意识的思想中压抑着，即抑制和压制住。（《癔症研究》）

没有人不喜欢安全之所，当我们受到外界的打击时，内心也被撕出了一个伤口。这伤口或深或浅，却总要流血、化脓、结疤、愈合。经历过整个过程之后，我们一般都不愿意再提及往事，为了忘掉痛苦，我们选择压抑情绪。

只是这种情绪并不会因此消失，如果每次痛苦的情感体验都被抛弃在同一个角落，时间久了，其下隐藏的危险会越来越大。就好似休眠多年的活火山，一旦爆发，喷涌而出的熔浆将具有难以想象的威力。

既然如此，请不要刻意压抑自己的情绪，心里的那个结终归需要解开。

面对痛苦

关于痛苦，我们亦知之甚少。我们唯一所肯定的事实是，每当某一刺激作用于周围系统而打破保护层装置，并进而作为一个持续的本能刺激活动时，痛苦一般都是最先产生的。

由身体痛苦向心理痛苦的转移，和由自恋性贯注向对象贯注的变化相对应。（《精神分析导论》）

叔本华说过："生命是一团欲望，欲望不能满足便痛苦，满足便无聊，人生就在痛苦和无聊之间摇摆。"（《作为意志和表象的世界》）

人生中又有谁没有经历过身体的伤痛和心灵的触痛呢？有些时候痛苦在所难免，我们所能做的，只是在痛苦中站立起来。

释放心头的悲伤

悲伤产生于现实检验的影响，因为后一种功能对失去亲人的那些人提出了绝对的要求，即他必须将自己与对象相分离，因为对象已不存在。（《精神分析导论》）

一个人终归要去面对亲人和朋友的离去，很多时候我们还来不及珍惜，一切就已经黯然消逝。悲伤就像一杯苦涩的茶，久久萦绕心头，只有时间可以将它冲淡。

我们无法改变已经发生的事情，有时，没必要故作坚强，把心头的悲伤释放出来，或许会好受一些。

退一步海阔天空

在人们狂怒的时候，人们做出的行为有时会伤害到自己甚至生命，用这种方式，这种伤害也是隐藏于明显的意外失误或动作的失误上。同样，我们也不难得出这样的推论：人们也可能通过同样的失误来伤害他人的健康甚至生命。（《癔症研究》）

愤怒是内心咆哮奔涌的洪流。愤怒时我们的情绪完全左右着理智，无论是对他人还是自己，我们总会因怒火冲天而做出一些危险疯狂的事情，事后连自己都难以置信。

与人交往免不了磕磕碰碰，一味地愤怒并不能解决问题，有时候，退一步才能海阔天空。

痛苦和焦虑

痛苦是对对象失却的实际反应，而焦虑则是对因对象失却而引起的危险的反应。（《精神分析导论》）

痛苦和焦虑，都与我们失却的对象有关。有些失却，是无法逃避的，恰如出生是对离去的补偿。把出生和离去看成得失之间的平衡，人才能释然。有些失去，终归要放下。譬如一杯热水，捧在手中太久，就会灼伤皮肤。对得失释然，学会放下，痛苦和焦虑才能风流云散。

学会宣泄

日常可观察到人们使用这类话，如“要哭出来”，“要把脾气发出来”……一个已得到补偿的、即使只是口头补偿的伤害，在回忆它时完全不同于那种必须默忍的伤害。语言也反映出这种生理和心理效果上的差异。对那种必须默忍的伤害，典型地称之为“心病”。如果有一个适当的反应，例如报复，那么受伤者对创伤的反应倒是起了完全“宣泄”的作用。但语言可起到替代行动的作用，借助于语言的作用，情感几乎能有效地“发泄”。在另外一些情况下，说话本身就是一个适当的反应，例如，对痛苦的隐私用恸哭或低语忏悔。（《癔症研究》）

现代人工作节奏快，生活压力大，人们常常会在情绪失控时做出一些不理智的事情，事后追悔莫及。弗洛伊德建议我们可以“说情绪”而非“做情绪”，如果能将内心的压抑与不满用语言表达出来，这时内在的压力就得到了一定的释放。如果“说情绪”还不足以满足我们的宣泄需求，大哭一场又何妨呢？

焦虑是种病

症状形成只是为了避免焦虑：它们将除此之外必将以焦虑形式加以释放的精神能量结合起来，因此，焦虑应该是神经症的基本现象，也是神经症的主要问题。（《精神分析导论》）

又是阴雨绵绵的一天，工作任务似乎没完没了，为何身体总是那么不舒服……日常生活中，我们浸染在焦虑中。焦虑也许只是一种短暂的情绪，但若得不到释放，则会转变成长期的心理状态，形成神经症状。学会释放焦虑，才能有一个健康的心理。

远离焦虑

焦虑与症状之间的关系并不如想象的那么紧密，因为我们在二者之间插入了危险性情境这一因素。我们还可以补充说，焦虑的产生促成了症状的形成，而且确实构成症状形成的必要条件之一，因为，如果自我不通过产生焦虑来唤醒快乐—痛苦动因，那么它就无从获得力量以捕获产生于本我之中的过程，正是这些过程才构成危险的威胁。（《精神分析导论》）

焦虑总与欲望纠缠在一起，所求不得，便心生焦虑。长期生活在焦虑之中，人终会不堪重负，心病也开始悄悄滋生。

要想远离焦虑，其实很简单：不因小小的成就而骄傲，也不因一时的失败而颓唐，问心无愧地做好该做的事，人生便能过得快乐、坦然。

远离癔症

理解下面两个矛盾的论断会有所启示：“癔症是精神病”，和在癔症患者中可发现最理智的、意志最坚强、个性最伟大和判断力最好的人。这些特征在他们清醒的思维中保持得很好，但在类催眠状态下，他们就像我们所有的人在做梦中一样，发生精神错乱。可是我们梦中的精神错乱在清醒状态下对我们没有影响，而类催眠状态下产生的精神错乱则以癔症症状的形式干扰清醒状态下的生活。（《癔症研究》）

我们经常会梦到各种光怪陆离的场景、怪诞不经的言语，不过梦境终究是梦境。

癔症却不同，它是由精神因素引起的，作用于个体引起的精神障碍。癔症如同清醒生活中突然出现的海市蜃楼，带给我们的是违背常规的精神状态。

成功的道路永无止境

在狂躁症病例中，自我和自我理想融合在一起，以至于处于狂热和自我满足的心境并不被自我批评所困扰的这个人，可以享受他的抑制、他考虑别人的感情以及他的自责全部取消这样的欢乐了。（《精神分析导论》）

如果总是心境高涨、喜欢热闹、自命不凡，在入睡时又因亢奋而难以入眠，那么就可能患上了狂躁症。狂躁症多发生在人的青春期，通常并不被人重视，可倘若不及时调节可能会出现攻击行为。

虽然产生这种心理疾病的人只占少数，但自命不凡的心态是人人都曾有过的。我们取得了一时的进步，便志得意满、颐指气使，殊不知成功的道路永无止境，在半山腰便止步不前，怎能知道无限风光在险峰呢？

美化心灵

营养的功能最经常地受到厌食的阻碍，这是由于力比多的退缩所导致的。饮食欲望的增加也不是一件非同寻常的事。强迫饮食是由于害怕饥饿，但这是一个很少研究过的主题。我们认为呕吐的症状是对饮食的一种清症性的防御。由于焦虑而拒绝饮食，这是伴随精神病状态而产生的一种情况（中毒性幻觉）。（《精神分析导论》）

厌食是一种心理疾病，我们可能会因为种种原因节食，甚至拒食。有时候是为了追求苗条而放弃正常饮食，有时候是因为情绪低落而不想进食。两种厌食皆出自对自身的不满，长此以往将会导致体重下降、营养不良，进而影响我们的心理健康。

其实，人总有不完美的地方，要想改变自己，与其依靠节食来美化身体、消除不满，不如美化自己的心灵。不论美丑贫富，只要善良、乐观而有尊严地活着，便是最美的人生。

不可一味扬长避短

在强迫性神经症和妄想狂中，症状所依托的形式变得对自我非常有价值。因为症状为了自我而要得到的将不是某些好处，而是一种自恋的满足，否则连这种满足也得不到。通过使他感到他比其他人好，因为他特别爱清洁或者特别认真，强迫性神经症患者所建构的体系便以此来奉承他的自身之爱。（《精神分析导论》）

有人喜欢标榜自己的长处，以此来获得自我满足和他人的赞许，只是一味扬长避短，反而使长处也变成了短处。

认识自己，要像观察茫茫宇宙中的一颗星星，既要看到亮面，也要探索暗面。对自身的优点与缺点都了然于胸，人生的坐标才会有准确的定位。

直面恐惧

恐惧症通常都是在体验到某一特殊情境中的焦虑发作后才产生，如在街市、火车等之中或独处的。其后，焦虑即因恐惧症而终止，但假若保护条件得不到满足，它会重新出现。恐惧症机制很好地构成一种防御手段，并趋向于稳定。（《精神分析导论》）

有的人害怕某种动物，有的人害怕独处，有的人恐高……这些都是不同类型的恐惧症。而害怕受伤、害怕失败、害怕孤独，这些是每个人内心深处都有的恐惧。

恐惧症通常并不会影响我们的正常生活，只要远离让我们害怕的事物即可。心灵的恐惧却难以逃离，我们必须直面它带来的严寒。恐惧一点一滴侵蚀了我们的生命，但只要我们挣扎向上，阳光终有一天会穿透冻土。

保持宁静的心境

抑郁症的悲伤就是表示着他自我的两种动因之间的尖锐冲突——过于敏感的自我理想无情地谴责处于自卑和自贬错觉中的自我。（《精神分析导论》）

短暂的一生里，我们为感情而烦恼，为生计而奔波，对自己的要求越来越高，精神压力也随之越来越沉重，因此我们不得不提防抑郁症的侵袭。长期失眠、情绪低落、多疑或总是强迫自己专注某事……这些都可能是抑郁症的表现。

滚滚红尘中，我们需要的其实并不多，设法保持宁静的心境，把握好生命的轨道，就能创造出属于自己的一片天。

凡事要有度

我们把性的满足与性对象遭受痛苦、施虐和践踏的条件相联系的现象叫作“施虐狂”；反之，把性的满足以自己遭受此种待遇为条件的现象叫作“受虐狂”。又如你们所知，正常的性关系包含着这两种倾向的一种特定的混合体。

在施虐狂和受虐狂中，我们得到了两个关于爱的本能和攻击性这两类本能的混合体的极好例子。（《精神分析新论》）

施虐狂与受虐狂是人类性行为中爱的本能和攻击性本能走向极端的例子。爱，是为了得到；攻击，是为自我保护。万物皆需有度，若逾越界限，常会走向自己的反面。勇敢过度，便是莽撞；节俭过度，便是吝啬；犀利过度，便是刻薄……超过了正常的限度，总会适得其反，走向极端。

远离失眠

在特定情形中，梦仅能获得极不完全的欲望满足，甚或完全抛弃这种意图。梦的功能的最大障碍好像是对创伤性潜意识固着。虽然睡眠者不得不做梦，但由于夜晚压抑作用的削弱，从而使创伤性固着得以进行向上冲的活动，这样梦的工作功能就失效了，而不能把关于创伤性事件的记忆痕迹转化为欲望的满足。在这些情形中，可能出现下述情况：一个人将会失眠，并会因害怕梦的功能失效而放弃睡眠。（《精神分析新论》）

很多时候，做梦并不能满足我们的实际需求和欲望。欲壑难填的心态令我们总是不能对现状感到满足，也感受不到幸福。因此，每个辗转反侧的夜晚，我们总在思考各种各样的现实问题。

其实不用给自己太多的压力，没有人能一步登天，今胜于昔、越来越好，就是进步。

切勿过度自恋

理想自我此时成了自爱的目标，童年时曾为真实的自我所陶醉。个体的自恋将自身展示给这种新的理想自我，理想自我像早期自我一样，发现自己占有有价值的所有成就。就力比多的经常表现而言，个体再次表现出不能放弃曾经有过的满足，他不愿弃绝童年的自恋成就，随着年龄的增长，他为别人的告诫及自己评判力的唤醒而烦恼，于是，他再也不能保持原来的成就，并寻求自我理想的新形式将其恢复，他为自己树立的理想不过是童年失却的自恋的替代，在那种自恋中他就是自己的理想。（《论自恋·导论》）

在生活中，我们每个人都会有自我陶醉、充满信心的时候，自恋有时只是自信的表现，可以转化为一种积极的心态。不过，过度的自恋可能导致自负、自满、自私。当一个人把生活的重心全集中到了自己身上，往往容易沉浸在不切实际的幻想中，妨碍与他人正常的沟通、交往。

学会自己成长

在与他父亲这种认同的同时或稍后，男孩开始按依恋（情感依恋）形式形成向他母亲真正的对象贯注。因而他显示出两种心理上不同的联系：对母亲直接的性对象贯注和与当作模范的父亲相认同。二者没有任何相互影响或干扰地并存一段时间。作为不可阻挡地向心理生活的统一化发展的结果，它们最终合为一体，正常的俄狄浦斯情结就源出于它们的融合。小男孩注意到，父亲横阻在他和母亲之间。于是，他与父亲的认同就带有敌意的色彩，并等同于这样一种愿望：就他母亲本身而取代他父亲。（《精神分析导论》）

男孩有恋母情结很正常，无须刻意改变什么，随着年龄的增长，恋母情结的对象也会越来越年轻，最终被同龄人取代。男人如果还存在恋母情结，则可能影响未来的婚姻，也往往会让男人显得没有主见和进取心，所以需要想办法克服这一心理。

没有人能陪着我们一直走下去，我们必须学会自己成长。

家长的表率

小男孩会表现出对他父亲的特别兴趣：他愿意像他一样长大，并成为像他那样的，处处要取代他的地位。我们可以简单地说，他把他父亲当作典范。这种行为与对他父亲（以及对一般男性）的被动的或女性化的态度毫无关系。恰恰相反，它是典型男子气的。（《精神分析导论》）

童年时期，家长就像是家里的国王，威严而又高大，一言一行都有一种不容置疑的力量；孩子就像是王子，尊重并认同家长，想成为家长那样的人。当一个人渐渐步入成年，认同感会自然地转向生活中的其他对象，但早年的影响会一直留在心中。

因此，做家长的不能忽视对孩子的表率作用，家长不仅需要在自己的生命之河上航行，还要为孩子点亮远方的灯塔。

童年的重要性

我们认识到童年期的最初几年——可能直到 5 岁——所具有的特殊重要性，其所依据的理由有好几个：第一，因为那几年是性欲的早期全盛时期，其后留下了各种对成人性欲生活有决定作用的诱使因素；第二，因为这一时期的各种影响冲击着幼稚的、微弱的自我，就像创伤对自我的冲击一样。他们除了以压抑的方式躲避内心激起的情感风暴，别无他法；而正是依靠压抑的方法，他们获得了所有导致以后的疾病和功能性障碍的倾向。（《精神分析新论》）

多萝西·洛·诺尔特在《学习的革命》一书中说过："如果一个孩子生活在敌意之中，他就学会了争斗。如果一个孩子生活在恐惧之中，他就学会了忧虑。"

生活中，有些孩子成了父母沉闷生活中的"玩具"，有些孩子成了夫妻之争中的借口。孩子的童年应该是美好和欢乐的，请别在他们幼小的心灵上留下阴影。

每个孩子都想长大

孩子的游戏是由其愿望所决定的：事实上是唯一的愿望——这个愿望在他的成长过程中起了很大的促进作用——希望长大成人。他总是做“已经长大”的游戏，在这种游戏中他模仿他所知道的年长者的生活方式。他没有理由掩饰这个愿望。（《达·芬奇对童年的回忆》）

孩子总喜欢模仿大人的行为和语言，这令有些家长感到头疼，他们总觉得孩子就该做孩子的事情，甚至有些家长总是宠着孩子，不希望他们长大。

其实每个孩子都想长大，他们渴望成为父母那样的大人。雏鸟不去学习飞行，日后怎能展翅翱翔？家长总是把孩子当成小王子和小公主，他们又怎能在以后的生活中学会独立呢？

人以群分

在一个偶合人群的各个成员能构成像心理学意义上的群体那样的东西之前，必须满足的条件是：这些个体必须彼此间有某些共同的东西，对某一对象的共同兴趣，在某种或其他情境中相似的情绪倾向。（《精神分析导论》）

如果你是一个开朗活泼的人，周围一定有几个能在一起开心的朋友。我们喜欢根据自己的性格和爱好去择友，朋友的身上总是可以寻找到我们自己的影子。

两个懒人在一起不会变得更勤快，两个傻瓜在一起也不会变得更聪明。我们选择和什么样的人在一起，就会经历什么样的人生。

第四章

认识我们的世界

人类的历史源远流长，从最古老的图腾文化开始，人类在不断改造自然、征服自然的进程中，产生了诸如宗教、哲学、科学、文学艺术等多种文化，而它们又在斗争和妥协中互相影响、不断发展。

面对浩瀚的历史长河，我们也只是沧海一粟。可历史又从何而来？其实我们每个人都在创造着自己的历史，而这一段段历史就汇集成了人类的历史。

我们的世界纷繁复杂，我们的生活也因此而丰富多彩。在享受个人生活的同时，我们也不禁想要了解更多关于这个世界的方方面面。

信仰从何而来？人与社会如何和谐相处？科学是否就代表了真理？教育的任务又是什么？……既然想认识这精彩的世界，那么请带着我们自己的沉思，看一看弗洛伊德是如何思考的。

热爱真理

在我的内心深处，有某种难以驱赶和剔除的勇气和胆略。当我严格地检讨自己，当我比我所爱的人更严格地检查自己的时候，我发现上天并没有给予我许多天赋，也没有赋予我更多的东西。恰恰相反，只给我很少迫使别人承认的才能。但是，它赋予我那种热爱真理的大无畏的精神，给我一双研究家的锐利眼睛，使我对生活的价值有正确的认识，同时使我生性努力工作，并能从中获得无限的乐趣。我的身上所具备的这些最好的品性使我能忍受在其他方面的贫乏……我们要把这些共同地贯彻于一生中……（《弗洛伊德传》）

我们在生活中会遇到谬误与不公，但不应感到沮丧或是颓废，相反更应意识到真理的可贵。

真理就如同夜间指引我们的灯塔，照亮了通往未来的路。即使前方的路途荆棘密布，有了真理的光芒，也就有了前进的方向。

科研的意义

我上面所列举的这些例子非常普通，但是这正合我的意图，这些事例众所周知，且能够被每一个人所理解，我的目的在于将这些材料收集起来进行科学分析。如果作为人们日常生活结晶的智慧在获得科学知识时拒绝这种提炼，对此我是难以理解的。科学工作的本质特点并不在于所研究的事物的特殊性，而在于用这样的方式收集事实，然后研究它们之间的内在联系。（《癔症研究》）

科研的最终目的不是为了在象牙塔中创造真理，而是吸纳总结直观经验，在寻常中发现真理。

科学的发展

科学不是一本启示录，在一门科学出现了很长时间以后，它仍不能像人们渴望的那样，具有确定性、可靠性和永恒不变性。

我们的科学还很年轻，还不到一百年，而它所研究的是人类所能研究的最困难的一个问题。（《精神分析导论》）

科学能否解释现今世界的一切问题？答案是否定的，因为科学和所有学科一样，都有它的局限性。犹如登山，我们站得越高便看得越远，科学亦然，只可惜它暂时并未登顶。

也许科学永远不能解释所有的谜团，不过，它仍然是我们认识世界和自身不可或缺的工具。

决定论与自由意志

人们知道，很多人反对这种彻底的心理决定论，因为他们确信自由意志的存在。当然，这种确定的感觉确实存在，即使你相信这种决定论，也不能否定自由意志的表现。和其他正常的情感一样，这种感觉也是有证可寻的。但是，到目前为止，据我本人的观察，这种自由意志的感觉并不会在需要做出重要决定的紧要关头表现出来。在这样的情况下，这种我们拥有的感觉好像有一种不可抗拒的心理力量，我们很希望它能够代表我们的意志（我出现了，我不在做其他的）。另一方面，对于一些无足轻重的决定，情况则与此不同，这时我们的活动往往出于我们的自由意志——没有什么动机驱使的意志。（《癔症研究》）

人有自由意志吗？我们的选择最终都取决于自己吗？细细想来，面对生活中的重大抉择，似乎总有一种无形的心理力量迫使我们遵循它的调遣，我们敢想的事情无法说服自己去做，最终的决定又好像是顺其自然。

迷信的来源

意识的疏忽和潜意识中对这种偶然的心理事件的动机的认识是迷信产生的心理根源。因为，迷信的人并不知道他们的偶然行为的动机，但是又要求能够认识到这个动机，这样他就不得不在外界寻找其替代根源。

迷信来源于压抑的敌对冲动，迷信在很大程度上是对灾难的期望。如果一个人经常有对付他们的邪恶欲望，但他又想变好，他就不得不将这个欲望压抑在潜意识之中，并期待着通过灾难的方式来惩罚这种潜意识的邪恶。（《癔症研究》）

当无法看清或者意识到偶然事件发生的心理内因，却需要得到一个解释时，我们就会不由自主地向外部世界寻找答案，迷信的思想也就由此产生了。

站得越高，看得越远

迷信到底有没有现实根源，或者说，诸如真实的预感、梦的预见、心灵感应以及超自然力量的表现等，这些说法是否完全是假的。我的意思并非是对这些说法一概否定，因为，很多哲人名士对此都有详细的观察，并确认其存在，当然对此还有待于进行深入的研究。我所希望的是，其中的一些部分能够通过人们对潜意识过程的认识而得到解释，从而使我们今天的观点更加巩固。（《癔症研究》）

现实生活中时常会发生一些令我们觉得“匪夷所思”的事情，当我们或者周遭的人都无法解释这些事情的时候，迷信的思想就可能充斥我们的大脑。

实际上，并没有永远不可解释的现象，只是我们的认知还有待提高。井底之蛙爬出井口才知天地之广阔。我们遇到生活中的谜团时亦是如此，站得越高，看得越远。

有与无

我不相信心理生活中那些无足轻重的事件的发生会预知我们将来在现实中隐藏的东西。但是，我相信，我们的心理活动的偶然表现会揭示一些隐藏的东西，尽管这些东西也属于心理方面的（不属于外在现实）。我相信外在的偶然性，但是，我不相信内心的（心理的）偶然性。而迷信的人的看法则相反，他们对这种偶然和失误行为的动机一无所知，相信这种心理的偶然事件，另一方面，他们赋予外在的偶然事件以特定的意义，一种对将来现实的预兆，认为这种偶然事件的发生是表达外在现实中隐藏的东西的一种方式。（《癔症研究》）

弗洛伊德主张一种无神论的世界观，他相信心理学可以解释迷信解释不了的心理活动。

生活中有些人总是说：看不到，不能说就没有。或许更值得我们思考的应该是：看不到，为什么一定要说有呢？

不可人云亦云

我意在指出神秘主义世界中实际上并不存在任何新的东西。那里一再出现的只不过是远古时期流传下来的并载于古书上的所有迹象、奇迹、预言及稀奇古怪的东西。长期以来，它们被认为是天马行空的想象或有意欺瞒的结果，是人类处于极端无知、科学精神尚在襁褓中的时代产物。如果我们接受神秘主义者宣称的、至今仍存在的所有事物的真实性，我们也就必须相信自古流传的那些传说的真实性。（《精神分析新论》）

寒山《诗》中云："改头换面孔，不离旧时人。"听到令人咋舌的奇谈怪论时要保持理智，不可人云亦云，因为它们也许只是乔装过的陈词滥调罢了。

内心的空虚

所有民族的传说与圣典都载有种种类似的神奇故事，宗教正是在这些神奇事件的基础之上，谋求着人们的崇信，并从中找到超人力量发生作用的证据。

神秘主义的兴趣事实上是一种宗教兴趣。神秘主义活动的隐秘动机之一就是，当宗教受到科学思想的先进性威胁时，给予帮助。（《精神分析新论》）

一些借宗教之名建立的邪教会利用人们对神秘现象的好奇、对超自然力量的追求来蛊惑人心。谣言有可乘之机，从侧面折射出了人们精神层面的失落。

在这浮躁的时代，灵魂像阳光中的浮尘般飘荡。很多人表面光鲜亮丽，内心却落寞空虚、无所凭依。也许我们只有先弄明白自己缺失了什么，才知道该用什么去填补。

关于信仰

我们的同胞中，若有人不满于现状，要求获得比现在更多的暂时安慰的地方，他们尽可以到他们所能得到这种安慰之处去寻找。对此，我们无可指责，也帮不上忙。但是，我们也不能因为他们而改变我们的思考。（《精神分析新论》）

有人说信仰是一种信念，有人说信仰是一种寄托，也有人说信仰是一种准则……对信仰的认识因人而异，但有一点是确定的，信仰是恒定的信念，不会因他人而轻易改变。精神层面的信仰缺失的确影响着人与社会的发展。不过，在我们强调要寻找信仰的同时，不如先问问自己为什么需要有信仰，而不要盲目地为了信仰去信仰。

宗教与信仰

人们对神的信仰越少，人在控制事物中的作用就变得越重要。人们越来越相信，恰恰是这种对神的反抗导致了心灵的痛苦。（《精神分析导论》）

大概每个人都问过自己：我们应该信仰什么？宗教中的神性令我们向往，却也令我们疑惑。向往的是美好与希望，疑惑的是神秘与未知。

有的人已经在宗教中得到了慰藉，有的人高举着科学的旗帜，而我们或许终其一生都会在迷茫和彷徨中寻找着自己的信仰。不过不要紧，信仰什么可能并不重要，重要的是我们做了些什么。

哲学的作用

哲学与科学并不对立，它像科学一样行事，并局部采用同样的方法进行研究。但它又有别于科学，坚持某种幻想，即人们有能力描绘出一幅天衣无缝的、连贯统一的宇宙图景，尽管随着我们知识的每一个新的进步，这种幻想一定会破灭。它过高地估计了我们的逻辑活动所具有的认识价值，承认了诸如直觉等别的知识源泉，结果在方法上误入歧途。

哲学对芸芸众生没有直接的影响，甚至在知识分子这一高层次中也只有极少数人对它有兴趣，而对其他人来说，哲学几乎是难以理解的。（《精神分析新论》）

在古希腊语里，哲学的含义就是爱智慧。我们可能都有过这样的疑问：哲学有什么用？

哲学和科学一样，是我们对人与自然的探知，是我们的本质需要。哲学能够指点迷津，让我们心怀天下；能够洗净铅华，让我们返璞归真。

文学是心灵的家园

听人们说，一个作者应该避免提及精神病学，应把病理心理状态的描述留给医生去做。然而，事实是凡真有创造性的作家都不遵从这一忠告。对人类心理的描述也属于他们的领域。自古以来，他们就是科学的先驱，同时也是科学心理学的先驱。

创造性的作家不能回避精神病学家，精神病学家也离不开创造性的作家。对精神病学的题材进行文学处理，实践证明是正确的，绝不损害它的美。（《精神分析导论》）

文学是心灵的家园，不仅栖息着作者的理想，也寄托着每个人的梦。

阅读文学，是对镜自省，透过斑斓的想象审视灵魂的每个层面。阅读文学，是与作者促膝而谈，在睿智温暖的话语中汲取抚慰心灵的力量。

文学与爱情

迄今为止，一直由富有创造性的作家向我们描述“爱情的必要条件”，诸如对象的选择及人们将想象的需求协调于现实的方式，作家的确具备完成这一任务的特定品质：他们感觉敏锐，可知觉到他人内心深处的隐蔽冲动；他们勇敢无畏，可让自己的潜意识大声发言。但有一点却降低了他们所讲内容的现实价值：他们在创造特定情绪效应的同时，还必须引发读者的理智与审美快感。有鉴于此，他们无法原封不动地再造现实，而必须将现实分割，去除那些干扰性联系，为协调全局不得不弥补所需。这就是众所周知的所谓“诗人特权”的优势……数千年来，艺术家借助这一素材给人类带来了愉悦。（《爱情心理学》）

莎士比亚笔下罗密欧与朱丽叶的爱情象征着忠贞和不屈，陀思妥耶夫斯基《罪与罚》中的爱情化作一种救赎和希望……爱情是文学永恒的主题，作家创作的爱情故事之所以能感染读者，就是因为它们抓住了人们内心中最隐秘的冲动，并用诗意浪漫的语言表达了人们对于爱的渴望。

教育的重要性

这些力量包括厌恶感、羞耻感、伦理及道德的理想要求。从这些文明化了的孩子们身上，人们得出的印象是，这些堤坝的构成是教育的结果。毫无疑问，教育确实对此起着作用，然而事实上这一发展过程是由遗传决定和固定的，有时在毫无教养的条件之下也会发生。如果教育顺应身体机能的发展，并使其变得更加清楚和深刻，那么，教育就可以发挥适当的功效。（《“文明的”性道德与现代神经症》）

人从出生到成年的这段时间里，教育起着至关重要的作用，长辈们的言传身教往往会影响一个人的一生。

世上没有同一片树叶，也没有一模一样的人，我们从出生那一刻起就注定是独一无二的。与其说教育应是一种人为的规范，毋宁说教育应是顺其自然的引导。其实孩子就像是树苗，先天的根基决定了树的品种，而后天的教育则决定了这棵树苗能否健康生长。

教育的理念

如果精神分析的教育打算把它的学生培养成叛逆者，就将亲自承担一种多余的责任。如果它使它的学生尽可能健康而有才干地离开学校，它尽到了本分。这种教育包含了众多的革命因素，足以保证它所教育的任何人在今后的生活中都不会成为反动者和压迫者。我甚至以为，革命的儿童从任何角度看都是不可取的。（《精神分析新论》）

教育的根本目的是为了育人养心，每个人心中都有颗太阳，我们需要做的就是让它发光，而不是使它偏离轨道。

儿童教育需因人而异

教育必须对儿童的冲动实行抑制、禁止和压抑，而且这种情况在历史的所有时期都充分可见。然而，我们从精神分析中得知，正是这种对本能的压制隐含着神经症疾病的危险。

我们必须考虑到下述事实：我们教育影响的对象，具有非常不同的天生的气质倾向，以至于同样的教育过程对所有的儿童不可能产生同样的效果。某种及时的反省告诉我们，迄今为止，教育在完成其任务方面是十分糟糕的，而且对孩子伤害很大。（《精神分析新论》）

每个孩子都与众不同，有的孩子沉默寡言、不善沟通，有的孩子活泼好动、顽皮淘气，这些都与孩子的天性和成长环境密不可分。

一个合格的园丁会根据花儿的品种采用不同的栽培方法，对孩子的教育也要根据他们不同的特质选择相应的方法，而不是一味地追求整齐划一，抹杀他们的差异。

个体与族群

种族特征与个体特征的关系亦如此。可将个体特征视为种族特征的再现。然而，种族特征不因近期经验的影响而改变。可以说在个体发展的背后种族特征起作用。个体特征是人类早期经验积淀的结果，加上近期的经验，便构成了偶发因素的总和。（《“文明的”性道德与现代神经症》）

人类文明已有上千年的历史，经历过无数次变革、淘汰与重建才呈现出我们今天所见的景象。不同的族群具有不同的特征，其中的个体更是千差万别。

倘若把族群比喻为树根，那么个体就是枝叶，风吹雨打很少能撼动牢固的树根，却时刻影响着枝叶。

社会的压抑

人类社会是权威的行使者，个人对它的惩罚感到恐惧，因此个人甘受如此多的抑制。对他来说，把自己与社会对立起来显然是危险的，而追随他周围人的样板则更为安全，甚至也许“不惜与狼共舞”。在服从新权威的过程中，他可能会失去他先前的“良心”，如此听任从消除抑制而的确获得的极度快乐的吸引。（《精神分析导论》）

社会，从根本上讲就是人与人组成的团体，这其中人越多，力量往往就越大，真理也大都站在多数人的一边。

一个人总有遭人误解或被迫从命的时候，所以在社会中我们不可能不感到压抑，但如果没有种种限制，每个人都依个人欲望行事，又会是怎样一番可怕的情形呢？

尝试适应社会

天性刚烈、公开反抗文明要求的人将剧增，而天性柔弱的人，一方面要承受文化的压力，一方面又要抵抗本能的冲动，这种冲突所导致的神经症也会猛增。（《“文明的”性道德与现代神经症》）

不是每个人都能轻易适应当今的社会生活，从某种角度看，社会就像是一个不容反抗的家长，它对子女的要求是强制的和单向的。社会对我们的种种要求势必会导致一部分人难以接受和适应，而我们需要做的不仅是去适应社会，更重要的是去包容他人。

并非人人都是天才，并非人人都是领袖，但每个人都可以尝试变得更宽容，对自己，对他人，对这个社会，试着用微笑回应周围的一切。

选择适合自己的生活

事实上，由于肌体的原因，有些人可以轻而易举地适应社会的要求，而有些人则需付出心理上的巨大牺牲。（《“文明的”性道德与现代神经症》）

社会就像是一个筛子，弱小的人终将被淘汰。或许这并不公平，可生存在这所谓弱肉强食的世界中，有时的确身不由己。

不过，倘若我们看看周围，其实社会也并没有我们想象的那样可怕。要想在其中立足，努力当然重要，更重要的是学会知难而退。生活不仅仅只是苦修，与其一味强迫自己完成那不可能完成的目标，不如明智地选择适合自己的生活。

重视职业素养

一个医生被请去治疗肺炎，他不必考虑患者是否是一个诚实的人，一个自杀者抑或一个罪犯，也不必考虑他是否值得活下去或者是否有人希望他活下去，因为这并不是医生的职责。（《精神分析新论》）

我们的社会角色多种多样，职场分工越来越细致，每个人的责任并不相同，在这样一个讲究合作理念的社会里，职业素养显得尤为重要。

职场有时就如战场，我们要做的就是服从命令，完成任务。倘若瞻前顾后，总是关心职责之外的事务，恐怕连本职工作也难以顺利完成。

历史的启发

即使最原始最落后的民族也总是“古老的”，经过了长久的历史，生活方式已有许多进展和扭曲。因而在今日仍拥有图腾主义的民族里，我们看到的是图腾崇拜程度不等的败坏和瓦解，而正朝着社会化和宗教化进行，或至少也是停留在与原初大不相同的稳定状态里。最困难的一点在于，我们到底应该将这些现象的现有状态视为原始的主要特征的真实写照，还是将它们视为后继的畸变形式。（《图腾与禁忌》）

图腾文化是人类后起诸多文化的起源。宗教文化即是源自原始的图腾信仰，图腾文化中的仪式和禁忌后来也逐渐演化为宗教中的仪式和禁忌；图腾艺术影响了包括音乐、绘画、舞蹈、“品牌”概念等人类生活的诸多方面；图腾崇拜及其外婚制度对现代婚姻仍有影响。

在不知不觉中，我们延续着千百年前的习俗和文化，历史对我们的启发远比我们认为的要重要和深远，就在这传承和摒弃的不断博弈中，我们得以一步步向前迈进。

有福同享

一般，人们都是按照一种古老的方式，即某种道德规范来对祭品进行处理，同时他们又有权利共同分享这些祭品。和一个人共同吃喝，代表对他的一种友谊，也是一种善意的社会行为。共享祭品的目的最主要的是为了表示神和人们间的“休戚与共”，他们之间的所有自然关系都包含在这种目的之中。这种习俗在某些沙漠中的阿拉伯人之中仍然保留着。任何人只要吃了一小片他们的食物或饮用了一口他们的牛奶后，就不会被视为敌人，甚至还可受到他们的保护和帮助。（《图腾与禁忌》）

“有福同享”当然不只是原始时代人们的一种祭祀习俗，共同分享幸福而令彼此均感到愉悦也是人与人之间友谊的体现。

生活中没必要斤斤计较，感情需要沟通，快乐需要分享。如果以为只有自己快乐才是幸福，别人都必须生活在水深火热之中，就太自私了。

禁忌与偏见

长期以来，有些事物一直被强烈禁止着，可是他们从来不去考虑其中的原因，或者提出任何怀疑。相反，他们屈服于这种禁忌就像它们都是理所当然的事情一样，同时深信任何对禁忌的破坏行为将导致自取惩罚。我们可以从多方面证实这种触犯禁忌而遭受惩罚的例子。例如，一位无辜的触犯者，他可能仅仅为了食用了被禁食的动物，便陷入极端的精神不安，在预期死亡的阴影中，他终于因恐惧而死。这些禁忌主要是反对享乐和思想上的自由。某些禁忌则常具有智慧上的意义，而且很清楚地指向禁酒、禁贪欲以及名利上的自制等方面。可是，仍有某些禁忌，它们的主题则令人十分费解。它们包含了琐碎的细节，使整个内容看起来就像是一种纯粹的庆祝或宗教仪式。（《图腾与禁忌》）

时至今日，仍然有许多禁忌束缚着我们的心灵，如：性是肮脏的，见不得人的；婚姻是人生大事，不结婚就不正常；人不能做出格之事，必须谨小慎微……其实它们往往都是一些偏见，人们却像着魔一般将其奉为教条。人生中很多事情需要我们用情感和理智去衡量、判断，而不是听任条条框框的约束。

禁忌的背后

在所有这些禁忌的后面都隐藏了一些必须且自然的理论。因为，某些人或物（如领袖、僧侣或不祥物等）被附上了危险的力量，而这些危险的力量竟能如某些传染性疾病一样经由接触来传递。我们应该注意的是，这些危险性质的力量也扮演了一部分角色。某些人或物具有较其他人更高的力量，而他们的危险性也与其所带力量的高低成正比。一个人触犯了禁忌中的任何一条时，他本身即得到那一种成为禁忌的特性，而使自己成为禁忌，就像整个危险的电荷都传导到他身上。这种神秘而危险的力量几乎隐藏在所有特殊人物的身上，如国王、僧侣或初生的婴孩；也附着在所有特殊的情况，如生理上的月经期、青春期或生产期。至于怪诞的事物，如疾病、死亡以及所有经由传染而与这些力量有关的事情也都附上了这种神秘力量。（《图腾与禁忌》）

在古人看来禁忌就是那不可抗拒的灵力，而现代社会中的禁忌或是迷信，或是一种道德的约束力，这些禁忌的背后都反映着人类心灵脆弱而敏感的一面。

自我的禁忌

在我们认真研究了个人心灵的潜意识部分之后，一般都将很快发现我们对禁忌问题所熟知的程度。我们会惊讶地发现许多人为自己所设立的诸如此类的禁忌，它们被严格遵守的程度，正像原始民族对本社会或部落中所共有的禁忌一样。如果我们还没有习惯于使用以“强迫性神经症”这一术语来形容这些病人们，那么我们将会给予这种情况以一个适当的名词——禁忌病。（《图腾与禁忌》）

我们或许是害怕无法控制内心那股欲望之流，所以给自己设立了种种道德的禁忌，以为处身其中就会安全，殊不知这只是掩耳盗铃罢了。

法律与道德

禁忌随着文化形态的不断转变，逐渐形成为一种有它自己特性的力量，同时也慢慢地远离了魔鬼迷信而独立。它逐渐发展成为一种习惯、传统，而最后则变成了法律。“虽然，随着时间和环境的转变，对所有包含于禁忌里的各种力量及其特性造成了很大的转变，可是它们的起源仅仅只有一个，即‘当心魔鬼的愤怒！’”（《图腾与禁忌》）

德国哲学家恩斯特·卡西尔说过：“禁忌体系尽管有其一切明显的缺点，却是迄今所发现的唯一的社会约束和义务的体系。”（《人论》）

禁忌在遵守与废除的反复演变中推动着人类文明的发展，随着社会的不断进步，道德已经渐渐脱离了禁忌，成为一种单独的社会力量，而法律相比传统的禁忌更为理性和直接。

法律为人生的棋局定下了不可违逆的规则，而道德则是富有弹性的出棋路数。违背规则必将受到惩罚，一招不慎亦可能全盘皆输。

服从与叛逆

从精神分析学对人类的探讨中，我们可以惊异地发现这些神都是根据父亲的形象构成的，人与神之间的关系也常因人与父亲之间的关系变化而发生改变。简单地说，神只不过是父亲影像的一种投射罢了。从以前我已讨论到的图腾崇拜中，我们可以看出图腾被视为种族的祖先，就如同一位信仰神的人称其神为父亲一样。（《图腾与禁忌》）

在大多数人看来，父亲像巍峨的山峰，威严、高大，有的孩子对父亲唯唯诺诺，有的孩子却有股对立叛逆的情绪。这样说来，人们对于神灵的感觉和对父亲的感觉似乎也没什么不同，有些人畏惧并服从，有些人却从来没有相信过。

多一点包容

强迫性的禁忌很容易被替换。它们可经由许多方式而从某一个物体转移到另外一个物体上。而这个新的物体将变成用我的一位女病人的话说，“令人无法忍受的”。如此替换下去，最终，使整个世界笼罩在“令人无法忍受的”气氛下。

它们似乎被一种不可抗拒的恐惧力量所逼迫和主宰着。而且，它们并不需要外在惩罚的威胁，因为它们早已具有一种内在的本质，一种道德上的信念，即任何触犯都将导致令人无法忍受的灾祸。（《图腾与禁忌》）

有的人对于某些特定的人或事会产生一种莫名其妙的禁忌，倘若触犯它们就会有一种强迫性自责的心态，认为自己和周围某些特殊人物都将受到惩罚和伤害，只有通过某种行为去补偿、赎罪。

其实世间有多少事物会让人永远无法释怀呢？与其在痛苦与责备中纠结，不如多一点包容。包容是开启心灵枷锁的钥匙，善待了他人，也释放了自我。

保持灵魂的高度

原始民族相信每一个人都拥有一种相似的灵魂。这些居住于人类体内的灵魂能够离开且转移到他人身上：它们是心灵活动的枢纽，同时在某种情形下可离开它们的身体而独立。刚开始时，灵魂被认为和人相类似，只是在长久的进化过程中，渐渐地失去了物质的物性而呈现高度的“灵化”。（《图腾与禁忌》）

灵魂是否存在是一个无尽的话题。

在我们眼中，有灵魂的人是有硬度的，即使身处逆境、困苦不堪，也依然自信、坚定；有灵魂的人是有高度的，即使身陷诱惑的泥淖，也始终真挚、善良。我们拖着沉重的肉身在尘世间行走，灵魂却渴望朝广袤的苍穹飞升。

对自然怀有敬畏之心

整个泛灵论体系的最原始核心就是有关灵魂的观念，它们包括了相信动物、植物及物质也具有和人类灵魂相类似的结构等想法。（《图腾与禁忌》）

泛灵论认为万物皆有灵，一棵树和一块石头都跟人类一样，具有同样的价值与权利。而今我们却只把万物当作索取的对象，一边抱怨自己呼吸污浊的空气、饮用肮脏的地下水，一边在郊游时毁坏植被、在生活中浪费资源。

我们渴望灿烂的阳光，渴望披绿的山野，但只有对自然心怀敬畏，才能真正与自然相依。

思想的影响

泛灵论是一种思想的体系，它不只解释某些特殊的现象，最重要的是，它经由一种单纯的观点而将整个宇宙置于同一内容之下。人类经过不断的进化，在长久的岁月里产生了三种思想体系，三种对自然的解释，即泛灵论、宗教的和科学的宇宙观。在这些学说中，首先创造的泛灵论对宇宙本质的解释可能是最为一致、彻底和确实的。这种人类最早的宇宙观也是一种心理学的理论。要是我们继续研究现代文明里所保留的这种理论，就会发现它们仍以各种方式出现在现在的迷信活动和我们的语言、信仰及哲学基础里。（《图腾与禁忌》）

人类从原始社会一路走来，就像是一个人人生的历程，前进伴随着后退，上升伴随着沉沦，每一次努力的背后都经历了无数次挣扎，而这其中产生的每一个思想、每一种信念都深深地影响着未来。

第五章

文明——本能的压抑与升华

文明的起源与发展就在于对本能的压抑与升华，这听来似乎难以理解，却正是弗洛伊德最根本的信念之一。

我们每个人与生俱来都有生与死两种本能。生本能即是爱的本能，包括自卫本能和性本能；死本能则正好相反，代表了攻击和毁灭的欲望。我们内心的每一次挣扎都是在生与死之间不断徘徊。

正是在处理本能与文明之间的冲突、个人与集体之间的矛盾时，我们的心理可能会出现反抗和不适，进而表现出神经症的症状。而精神分析有助于解决我们心灵的困扰，艺术也可以抚慰我们的不安。

追随弗洛伊德的脚步，我们或许能一窥人类文明发展的奥秘，也能解开我们每个人内心的困惑。

人的本能

我们给引发精神活动的生理需要取个名字叫“本能”。在某种程度上，本能构成了本我：本我中的一切能量，简而言之，都源于本能。自我中的能量的来源也是本能，它从本我的能量中汲取能量。那么这些本能想得到什么呢？满足，即建立某种环境以使生理需要得到满足。（《精神分析导论》）

食欲、性欲、好奇心、运动……这些行为和能力是人与生俱来的天赋本能。遇到危险时，本能可以成为我们求生的手段；日常生活中，本能却又要求我们不断填补它们的欲望。

满足本能是人对生活的最低要求，但解决了温饱后，我们还需要精神的富足；祛除了病痛，我们还需要灵魂的康健。基本的生理需要背后永远有着更高远的渴望，正如一株植物扎根于泥土，却始终怀着向天空伸展的意志。

抵制诱惑，战胜软弱

力比多是取自情绪理论的一种表述。我们用这一名词称呼那些与包含在“爱”这一词之下的一切东西有关的本能能量——以量的大小来考虑这一能量(虽然目前实际上是不可测量的)。（《精神分析导论》）

力比多即是性力,这一概念由弗洛伊德最早提出。力比多不是意指单纯生殖意义上的性,而泛指我们所有身体器官的快感。它是一种与死本能相对的生本能的驱动力，是我们一切心理活动及行为的动力源泉。

追寻快感的欲望常常与现代文明的规范和要求相抵触，为了不让它给自己及他人带来伤害，要学会放弃，学会抵制诱惑、战胜软弱。理智与责任渗入心中，才能让生命的底色澄澈纯净。

本能的强制性重复

因为本能显示了一种恢复事物早期状态的努力，我们可以假定，在事物已获得的某种状态被搅乱时，一种本能就会产生出来重新制造那种状态，并产生一种我们可叫作“强制性重复”的现象。

除了治疗外，我们疾病的痊愈应归功于复原的本能，而这种复原的本能就是上述能力的遗迹。

有些人在其生活中，不断重复相同的不正确行为以伤害自己，而另一些人则似乎被厄运缠身。但更进一步的研究又告诉我们，厄运却是他们自己无意识地惹来的。在这种情况下，我们认为强制性重复具有“恶魔”的特性。（《精神分析新论》）

我们的本能受到了压抑，就好像一根被压缩的弹簧，会想方设法回到最初状态，可如果之前压得太紧，那么这弹簧就会来来回回不得消停。

论死亡

一切生命的目标就是死亡。

一切有机体的本能都是保守的，都是从历史上获得的，并且朝向回复某种较早期的状态。

原始生物实体从一开始就不想改变，如果条件不变，它就总是只重复同样的生命历程。（《精神分析导论》）

死亡是一种本能，它代表着人类生命本质中最令人不安的一面，它渴望攻击和破坏，甚至不惜自我毁灭。

活在世上难免有灰心气馁的时候，但死亡并不是唯一的解脱方式。再美好的日子都会蕴含愁苦，再悲惨的生活也会拥有快乐，只要心未沉沦，路便在脚下延伸。

生命因爱而精彩

爱的本能的目的在于复杂的生命，当然，同时也在于保护这个复杂的生命。（《自我与本我》）

自然赋予了万物存在的意义，生命中因而诞生出爱的奇迹。当生活遭遇挫折时，我们甚至感到阳光都不愿照耀这片土地，似乎没什么再值得眷恋，没什么再值得牵挂，就在这最绝望的时候，总是爱带给我们继续前进的力量。

爱赐予我们希望，虽然这希望必定会伴随着失望和痛苦，但也正是这复杂而矛盾的结合，才让我们的生命变得如此精彩。

因此，不要害怕挫折和痛苦，因为陪伴我们同行的爱会在最危难的时刻点亮希望之火。

爱的本能

当我们能够追溯本能冲动的时候，我们一次又一次地发现，它们作为爱的本能的派生物呈现出来。如果不是因为《超越唯乐原则》中提出的几点考虑，如果不是最终因为依附于爱的本能的施虐淫成分，我们坚持我们基本的二元观点是有困难的。但是因为我们不能避免这个观点，我们被迫下结论说，死的本能的本性是缄默的，生命的喧嚷大部分来自爱的本能。（《自我与本我》）

生的本能即是爱的本能，它要求自我保护、繁衍生息，同时，它也是一种更加微妙复杂的情感。因为爱，在寒冷飘雪的日子，我们不经意地对父母生出一丝惦念。因为爱，在皓月当空的夜晚，远方爱人的面庞慢慢浮现在心头。爱本能是心中温暖的火苗，让我们变得更加强大、执着。

生死之间

生命本身就是存在于这两个趋向之间的一种冲突和妥协。生命的起源问题仍是个宇宙论的问题，而对生命的目的和目标这个问题的回答则具有二重性。（《自我与本我》）

人生轨迹是一个圆，生的开端与死的终点相交。这个圆是大是小、是否圆满，取决于生与死这两种本能。很多时候我们之所以感到痛苦和压抑，就是因为无法协调两种本能之间的较量。

不论境遇有多艰难，尽力让生如夏花之绚烂，死若秋叶之静美，这才是对人生最精彩的诠释。

对死亡的恐惧

“每一种恐惧最终都是对死亡的恐惧”，这个夸夸其谈的句子几乎没有任何意义，至少不能被证明。相反，对我来说，把对死亡的恐惧与对一个对象（现实的焦虑）的恐惧和对神经症力比多的焦虑的恐惧区分开来才是完全正确的。

我们知道死亡恐惧出现在两种条件下(并且这两种条件与其他种类的焦虑发生的条件完全相似)，即出现在对外界危险的一种反应中，以及一种内部过程中（例如像在忧郁症中那样）。（《自我与本我》）

我们害怕死亡吗？大多数人的回答都是肯定的。

死亡会彻底剥夺一个人享受生活的权利，它带走的不仅是我们已经拥有的一切，也是一切还未施行的计划和生命的希望。

对于死本能的处理途径

在个体中对危险的死的本能的处理有不同途径：它们的一部分由于与性成分相融合而变得无害了；它们的一部分以攻击的形式转向外部世界，同时它们在很大程度上毫无疑问继续着它们没被阻碍的内部工作。（《自我与本我》）

有时候我们想要伤害他人，却会因为爱和同情而放弃。有时候我们会惩罚自己，可身心的刺痛又会让我们意识到生命的宝贵。人的死本能虽然直指攻击与毁灭，却可以通过与生本能的调和而得到制约。站在一个更高的视角来看，我们的一生就是在生与死之间不断徘徊。

爱与恨的交替

临床观察表明，不仅仅爱被恨按着意外的规律性伴随着（矛盾心理），不仅仅在人类关系中，恨常常是爱的先驱，而且在许多情况中恨转化为爱，爱转化为恨。如果这个转化不仅限于时间上的继承——就是说，如果他们中的一个真正转化为另外一个——那么很清楚，这个话题就会从这个区别中消失了，这是一个如此基本的区别，正如爱的本能和死的本能之间的区别一样，其中的一个包含着进入相反方向的另一个生理过程。（《自我与本我》）

爱与恨之间只有一线之隔，就像昼与夜，在一朝一夕间便跨越了光明和黑暗的国度。情感纠葛不清，时光却悄然而逝。当爱过恨过的人渐渐消失在人生道路的转角，曾经的恩恩怨怨、是是非非也许早已烟消云散。

伤害别人的代价

我们关于性本能的诸种观点，同样甚或更适用于攻击性本能。毕竟，正是它们产生了人们正常生活的困难，威胁着社会的继续存在。对个体攻击性的限制，是社会要求他首先做出的，也可能是最巨大的牺牲。我们已学会一种精巧方法用以完成对难以驾驭之事的驯服。承接危险的攻击性冲动的超越的建立就好像在那些有反抗倾向的地方派驻了一个卫兵。（《精神分析新论》）

人的本能里有一种渴望攻击和毁灭的欲望。在一时的冲动下，我们伤害了一个又一个爱过或恨过的人，最终可能会发现，受伤最深的反而是自己。

勿做自私者

概而言之，我们的文明建立在对本能的压制之上。每一个体都必须做出一定的牺牲，如人格中的权力欲、进攻性及仇恨性。正由于此，文明才得以产生——物质财富与精神财富的共享。（《压抑》）

人皆有满足本能的私心，但私心过重则会变为自私自利。若是对地位、权力和金钱的渴望扭曲了理智，蚕食了良心，不仅会损害公共利益，也将为自己的人生留下耻辱的印记。

本能的压抑与升华

我们已习惯于说，我们的文明是以性倾向为代价建立起来的。该倾向在社会抑制下，一部分的确被压抑了，另一部分则可以运用于其他目的。我们也承认，尽管我们对自己的文化成就感到自豪，但是要实现文明所提出的要求或在此文明中感到舒服，实非易事。因为，强加于我们身上的各种本能的限制，形成了一个沉重的心理负担。（《精神分析新论》）

就好比我们不让小孩子瞎胡闹，却留给他们游戏和创造的空间；社会道德规范也约束着我们的本能，其中一部分受到压抑，而另一部分则得以释放，并得到合理运用。在本能的压抑和升华中，文明兴起并不断发展，人的灵魂也越发宽广博大。

文明的升华

任何文明成就的取得，均需要逃离性目的的性本能力量转向新的目的——这一过程可谓之“升华”。（《“文明的”性道德与现代神经症》）

阅读人类的文明史，我们不难发现，人类文明中最璀璨伟大的创造往往脱离了单纯繁衍生息的目的。文明在人类相互斗争之中或缓缓发展、或止步倒退，为了生存人们甚至会选择摧毁异己的文明。

人类的文明史有很大的篇章是人与人的斗争史，而在这漫长的进程中，文明有时却会因为更崇高和更远大的目的取得进步与升华。

以史为镜

历史记载以对现在情况的不断记录开始，同时也要一瞥过去，采集传统和传奇，解释在风俗和习惯中幸存下来的古代踪迹，通过这种方式就创造了过去的历史。这种早期历史应该是表述当前信仰和愿望的表达，而不应是过去的真实画面——这是必然的。

人们写历史的动机不是客观的好奇心，而是期望以此来影响他们的同时代人，鼓动和激励他们，或者在他们面前竖起一面镜子。（《达·芬奇对童年的回忆》）

正所谓“以人为镜可以明得失，以史为镜可以知兴替”（《旧唐书·魏徵传》），我们在历史中不仅看到了昨天，也看到了今天。

历史是由人创造的，也是由人来书写的，或许今人的记录无法还原过去真实的历史，而更多地体现了当下的信仰和愿望，正因如此，我们在回顾历史时看到的总是我们自己。

善与恶之间的困惑

对人性“善良”的信仰是那些有害的错误观念之一。凭借这些观念，人们期望生活变得更加美好而安逸，但在现实生活中，它们只会造成灾难。这场争论无须继续下去，因为我们赞成人类具有特殊的攻击性的和破坏性的本能。（《精神分析新论》）

《三字经》中有云：“人之初，性本善。”荀子曰：“人之性恶，其善者伪也。”（《性恶》）基督教认为人性本善，因堕落而恶。

人性到底是“本善”还是“本恶”，一直是人们争论的话题。也许人性本无善恶之分，如果一定要有所决断，我们的所作所为才是答案。

自由与责任

在一个人类团体中感觉到的那种对自由的渴望可能是对某些现存不公正的一种反抗，因而可以证明，它适合于文明的进一步发展，并且和这种发展保持一致。
人类的很大一部分斗争都围绕着这个中心任务，即在个人的要求和文明社会的要求之间找到某种便利的（满意的）解决方法。这种解决方法能否以某种特定的文明形式来达到，或者是否将证明冲突是不可调和的，这是人类命运的问题之一。（《一个幻觉的未来》）

人类之所以追求自由，很多时候都出于内心的一份责任感，例如打破不公平的秩序、反抗陈旧过时的权威。真正的自由与责任并不矛盾，它们看似对立，实则统一。

适者生存还是和平共处

假如纯粹从心理学的角度来考虑，我们就必须承认自我如此牺牲自己以服从社会需要，不得不臣服于攻击性的破坏倾向（对此它原本是乐意用来反对人的），对此它是不会感到快乐的。这种情况就像是那些支配有机动物世界的"吃或被吃"的困境在心理领域中的延续。幸运的是，攻击性本能从来就没有独自存在过，而总是与爱的本能并存，而后者在人类创造的文明条件下具有延缓与防止攻击性本能的作用。（《精神分析新论》）

有人说人类社会也遵循"物竞天择，适者生存"的丛林法则。通俗地讲，人骨子里确实有攻击和击败对手的欲望，这种本能源自原始时代人类与自然的抗争。不过，人还有另一种本能——爱的本能，正是由于爱的本能和攻击本能的协调平衡，人们才得以在竞争中和平共处。

对于公平的要求

没有人一定想要名列前茅，人人必定是同样的，并拥有同样的东西。社会公正意味着，我们自己否认了许多东西，以至于别人也同这些东西无关，或者也许不能要求这些东西——这都是一回事。这种对平等的要求是社会良心和责任感的根源。

社会感情的基础是，起初是敌意的感情反转成认同性质的肯定色彩的联系。（《精神分析导论》）

我们要求公平正义，却不能因为自己得不到就要求别人放弃。追逐快乐是人的天性，但不可无度；同样，追求公平是人的良心，但不可无理。

个人的力量

就智力活动而言，事实仍然是，思想领域的伟大决策、重大的发现和问题的解决，只有独立工作的个体才是可能的。（《精神分析导论》）

一千个傻瓜也比不过一个智者，因为智慧取决于深度，而不是广度。

震撼人心的作品往往是在孤独中完成的，心灵的升华也常常是个人在静默中完成的。人虽然不能总是孤独地生活，但应该学会独立地思考。

集体的力量

在某些场合，群体的品格可以高于组成群体的个体的品格，只有集体能产生高度的无私和奉献精神。

只有社会才全然为个体规定任何伦理准则，而个体通常是不能以某种或其他的方式达到社会的高要求的。

在某些例外的情况下，在团体中可以产生热情奔放的现象——使得最辉煌的群体成就成为可能。（《精神分析导论》）

团结可以成为力量，俗话说：一人难挑千斤担，众人能移万座山。集体有时代表了冲动和盲目，但同时也代表了热情和团结。一个人独处惯了，回到集体中可以感受到久违的温暖与安全感，也会感受到万众一心所迸发出的巨大能量。

集体中的恐慌

就恐慌的真正本质来说，它与受到威胁的危险没有关系，它常常在最微不足道的场合爆发。如果一个处于惊慌恐怖中的人开始只热切关心他自己的权益，那么他这样做就证明了这一事实：已不再存在情感联系了（这情感联系迄今一直使得危险对他来说似乎是微不足道的）。既然他现在独自面临危险，他肯定把危险想得严重些。因而事实是，惊慌恐怖是以群体力比多结构的松弛为前提的，是以合理的方式对这种松弛做出的反应。（《精神分析导论》）

面对意外或是灾难，起初人们总会显得惊慌失措，首先想到的不是依靠集体的团结去应对危险，而是想方设法保全自身的安全。

集体中的恐慌犹如疾病，很容易传染和扩散，如果没有得到及时控制，悲剧往往不可避免。

人类的集体意识

要是我们不假设有集体意识的存在，因为集体意识的存在使我们有可能忽略因个体的消亡而出现的心理活动的中断，那么，社会心理学将无法形成。因为除非心理过程能一代一代地传递下去，否则，要是每一代的人都由自己创造一套对待生命的方式，那么，社会不仅无法进步，而且极有可能倒退。（《图腾与禁忌》）

从远古时代起，个体面对恶劣的自然条件，必须在集体中才能确保生存，这种集体的生活体验深深印入人类的潜意识，渐渐形成了集体意识。集体意识是我们人类与生俱来的本能，一个人就算离群索居，心理上也有着以往群体经验的沉积。

人不可能脱离集体的影响，正如立在荒漠上的孤树只能撑起有限的绿荫，一片广袤的森林却能焕发出无限生机，即使其中一棵树倒下，也能化作催生其他生命的养分。

不要随波逐流

对一种情感状态的信号的知觉，在知觉它们的那些人中自动地累积而唤起同样的情感。能同时观察到具有同样情感的人越多，则这种自动的强迫就增长得越强烈。个人失去了他的判别能力、让自己陷入同样的情感。但在此过程中，他增加了其他人的兴奋——其他人在他身上也导致这种兴奋，因而个人的情感负荷被相互之间的作用所加剧。这种以强迫的性质去做与他人一样的事，并与别人保持和谐，无疑有某种东西在起作用。情绪冲动越是粗陋和简单，则越是相应地适于扩散至群体。（《精神分析导论》）

人是感情动物，在集体中很容易互相影响。集体的冲动有一种难以抗拒的力量。古人追求众人皆醉我独醒，对我们来说这虽然难以效仿，但至少不要随波逐流。你看那随水而来的树叶漂漂荡荡，不知所终，而沉在水底的岩石则纹丝不动，留存千年。

拒绝盲从

智力较低者把高智力者降低到他们自己的水平上。高智力者的行动往往受阻，因为情感的强化大体上会为正常的智力工作造成不利的条件；再者是因为个人受到群体的威吓，他们的精神活动是不自由的；最后是因为每个人为他自己行为的责任感下降了。

（在集体中）他的情感倾向会变得格外强烈，而他的智力显著降低。（《精神分析导论》）

有时人虽然知道自己要什么，却不知如何得到，所以最容易被煽动和利用，显得盲目而又愚昧。卢梭曾说："盲从是奴隶能够拥有的唯一美德。"要想保持自我，唯有保持理性，拒绝盲从。

精神世界亦有规则

精神活动远不像我们所猜想的那样自由和随意，甚至有可能根本就不存在什么自由和随意性。我们在客观世界中称之为机会的东西可能用精神活动分析成规则。同样，精神生活中的随意也遵循一定的规则，只不过我们现在才开始隐约感觉到。（《精神分析导论》）

万物各行其道，没有绝对的自由，我们的精神世界亦然。即使是我们的梦境和白天的“胡思乱想”，也都是潜意识在悄悄发挥作用。

精神世界里还有很多未解之谜，每一个现象的背后都有无数个动机和目的，这其中隐藏的规则就是开启我们心灵之锁的钥匙。

深入内心

通过诱导，他向你说出这个秘密，你就减轻了他的压抑，挽救了他。当然，这是坦白的原则。

无疑，坦白在分析中发挥着一定作用——或者说是分析的前奏。但这远不能构成分析的本质或者解释分析的结果。在“忏悔”中，忏悔者要讲出他知道些什么；在分析中，神经症患者一定要讲出更多的东西才行。我们从没听说过，“忏悔”的神效已大到可以摆脱真正的病理症状。（《精神分析导论》）

探索心灵的奥秘是在表象下寻找本质、在寻常中发现特质的过程，坦诚相对只是基础，这之后的深入理解和分析才是关键。

心灵可以自愈

较轻的健康失衡可以自愈。（《精神分析导论》）

人的情感复杂多变，尤其是在与他人的交往中，我们面临着无数种难以预料的情况，阅历和胸怀影响着我们心灵的承受力和恢复力。

心灵和身体一样，受到轻微的伤害也可以慢慢自我恢复，所以假如我们的感情受到了伤害，不要慌张着急，或许一段不长的时间就能抚平我们的伤口。

心灵在两极间游走

正常心理与病态心理之间的界限既是确定的，又是不定的。我们每个人一天之中或许会多次跨越这个界限。（《精神分析导论》）

有人说：每一个人都有精神病。这或许言重了些，不过也不无道理。我们生活在一个充满矛盾的世界里，人有欲望，却必须受到压抑；人没了欲望，却又了无生趣。为了适应社会的规则和习俗，我们不得不时常限制自己内心的需求，心理常会感到失衡和扭曲。

没有必要因此而紧张，心灵有它自己的治愈能力，一时的压抑和郁闷总会渐渐过去。

不要变相逃避

想想“战争神经症”者，只因为他们有病就可以不服役。在社会生活里，疾病可以在工作和与他人竞争中用来掩饰无能；在家庭生活里，它可以作为牺牲其他成员的利益，强取他人爱护和强加给别人自己意志的依据。所有这些说法都是表层现象，我们用“疾病性获益”来总结它。患者——即他的“自我”，对那一连串的动机和由此引起的行为却没有丝毫知觉，这是难以理解的。但一个人可以强迫“自我”去认识其动机和行为从而抵御它们的影响。但有另一些动机被压抑得很深，它使人表现出疾病的难以割舍，且不容易对付。（《精神分析导论》）

有些时候不是我们无缘无故就生病了，而是我们想要生病。自我会利用神经症的遮掩来满足我们某些潜在的欲望，目的就是为了避免另一些痛苦。

生活中我们也常用痛苦屏蔽痛苦，缩在虚假的壳内苟延残喘，还自以为做出了悲壮的牺牲。其实，与其变相逃避、推卸责任，不如去寻找并直面这些问题的根源。拨开痛苦的迷雾，只要心中始终有路，就有明天。

面对外界的危险

生物学因素就是长期的进化过程，在这一过程中，人类种族的早年处于一种无助的依赖的状态。与其他动物相比，人类的宫内存在时间较短，而且在出生时的发育程度较低。因此，外部世界对他的影响就更强，自我与本我之间的早期分化受到促进。不仅如此，外部世界的危险对他具有更大的重要性，以至于那个单独能够保护他、并代替他早期宫内生活的对象，其价值受到了巨大的提高。所以，生物学因素不仅建立了最早期的危险性情境，而且创造了伴随儿童终生的被爱需要。（《精神分析导论》）

人生的路途崎岖坎坷，自从诞生以来，我们就要经受重重考验，几乎每一步都行走在深渊上方，几乎每一次呼吸都混合着无法言喻的疲惫。中途也许会有人搀扶我们走一程，但更多的绝境需要自己一步不落地走过。但是，我们回望险峰时，忆起的往往不是令人心悸的危险，而是一道道美景。

不可挑战克制的极限

我们已发现，和那些与人类十分靠近的动物相比，人的性生活在从其出生到成熟的过程中并不能获得稳定的发展。相反，人的性生活当在 5 岁时达到一个早期发展顶峰之后要经历一次明显的干扰，而且在达到青春期时又重新开始其发展过程，这个发展是重新捡起在童年早期时被打断了的发展起点。这就引导我们做出如下假定，即在人类种族进化的盛衰历史中必然发生过某些重大的事件，它们以某种方式作为历史的积淀保存在个体的性的发展之中。这个因素因下列事实而具有病因学意义，即这种幼儿型性欲的大部分本能要求被自我当作危险加以处理和防御，乃至于后来在青春期时的性冲动冒险屈从于它们的婴儿期原型的吸引，并随之进入压抑之中。正是在这里，我们发现了神经症最直接的病因。说也奇怪，和过早地与外部世界接触相比，与性要求的早期接触对自我也产生了完全类似的结果。（《精神分析导论》）

弗洛伊德认为，性欲的过分压抑往往容易引发神经症。其实，许多被抑制在潜意识中的欲望都在以各种方式影响着我们的生活。当我们自以为坚强，挑战自己克制欲望的极限时，也许黑暗的种子已经悄悄生根发芽。

光与影

心理因素存在于我们心理机构中的某一缺陷，正是这一缺陷与心理机构向本我和自我的分化相关，并因而在终极意义上也可以归因于外部世界的影响。从（外部）实在的危险来看，自我必须对本我中的某些本能冲动加以防御，并把它们作为危险来处理。然而，针对内部本能危险所采取的自我保护，不可能像针对某些外部实在所采取的自我保护那么有效。因为自我是和本我密切结合在一起的，它只能通过限制自身的组织，并通过以症状形成作为交换来毁坏本能而排除本能的危险。如果被拒斥的本能重新发起攻击，自我就会被那些作为神经症疾病而为我们所知的困难所压倒。（《精神分析导论》）

我们人格中的自我时刻监视着本我的举动，往往在第一时间就能遏制本我中潜在的危险因素，但也可能因此遭到本我的强烈反抗。我们就这样徘徊在光与影的交界处，在欲望与意志的困顿交融中磨炼着自己的灵魂。

发现真实的自我

我并不认为精神分析理论的这一部分较之其他部分更远离现实，发现真实本为精神分析之己任。（《论潜意识》）

精神分析是弗洛伊德治疗神经症的一种方法，其理论的核心概念是无意识。那些被压抑在无意识中的欲望和冲突影响着我们的意识，当两者失衡时，人就会表现出神经症症状。弗洛伊德认为每一个人都有神经症，我们能做的就是理解自己，从而和自己的症状取得和解和平衡，而精神分析的任务就是发现真实的自我。

的确，在人生舞台上，我们早已习惯于掩饰，盛装之下连自己本来的面貌都已遗忘。但光阴似水，每人只能在很短的时间内出演角色，与其做一世的傀儡，不如卸去浮华的色彩，找回自己真实的容颜。

特权与责任

这种特权的存在是必要的，首先，因为分析是完全建立在公正、坦率基础之上的。比方说，政府要十分详细和公开地讨论财政状况，而平民百姓谁都不让知道，即使他不是竞争者或征税者。对公正坦率的绝对要求也给分析家施加了一个严肃的道德责任，对这个问题我不持异议，事实上，我也同意这种观点。特权存在的第二个原因是因为，在探讨神经症成因和突发因素时，来自性生活的影响因素起的作用十分重要和主要，也许可以说是十分特殊。除了与病人及病人提供的素材保持密切联系以外，精神分析还能做什么呢？（《精神分析导论》）

精神分析中的特权不仅是治疗的需要，也是道德的责任。分析师有特权了解患者内心深处的想法，即使是那些患者不愿说或认为不重要的事情；同时，分析师也不可泄露患者的隐私。责任感是上苍赐予我们的美好品质。特权越大，责任越大，但特权永远不可超越责任。当手持权力的火把时，我们只有用它照亮别人、照亮世界，才能照亮自我的心灵。

多与人交流

分析学家与患者之间除了相互交谈什么也没做。分析学家不使用任何仪器，甚至不给病人检查，也不开什么药。如可能的话，在治疗期间，他甚至让病人保持原来的生活环境和原有的生活方式。当然，这不是一个必要的条件，或许也不总是行得通。分析学家在一个固定的时间与病人会面，启发病人谈话，听他谈话，然后接过话茬对病人谈话，让他听自己谈。（《精神分析导论》）

在精神分析的治疗中，医生与患者之间的交流格外重要。在日常生活中，我们也需要通过与亲友、同伴的交流来汲取养分。交流是情感的升华，是灵魂的洗礼，是智慧的碰撞。

心灵的解析需要时间

分析如能比医药更快地治愈病人，它就真可以说是魔术。魔术师的基本要素就是速度——人们说快速导致魔术师的成功，然而分析治疗要花数月，甚至几年的时间。当魔术慢到如此地步时，它就不具备奇迹般的特征了。（《精神分析导论》）

我们对心灵的解析是一个探寻自我的历程。我们的内心时而会反抗，时而会欺骗，它渴望继续戴着它那神秘的面纱，不愿轻易袒露心扉。自我认知需要时间的帮助和验证，这过程往往一波三折，不过唯有如此，我们才能看到一个更真实的自己。

找出症结所在

分析技术远不是转移患者的思想及用言语帮他摆脱困扰之类。如果我们的一个病人有了罪疚感，好像他犯了严重的罪行，我们不会劝告他无视良心的不安，也不能强调他真的清白。他自己就经常这么做，却没能奏效。我们所要做的是让他意识到，这样一种强烈的持久的感觉必然是有某种事实根据的，而这个事实根据是有可能找得出来的。（《精神分析导论》）

在精神分析过程中，催眠和暗示不是治疗目的，在表象下找到症结所在才能从根本上解决问题。生活中遭遇到挫折，也不可一味地自我安慰和自我谴责，认真分析失败的原因才是走出困境的良方。

人与人之间的信任

这种个人影响力正是我们最强大的动力武器。它是一种新元素，我们让它加入进来，并让它具有流动性。这是我们的智力所不具备的功能。对患者来说，他们面对着周围世俗的偏见，跟批评家一样几乎不相信我们。神经症患者如接受治疗，是因为他信任精神分析学家，这种信任是由于他从治疗者那里获得了一种特殊的情感上的支持，跟儿童也只相信他们接触的人道理相同。（《精神分析导论》）

人与人之间最大的屏障不是物理空间的距离，而是心灵空间的冷漠。无论置身于什么行业，只有尊重与理解对方，才能赢得信任。

心理学与儿童教育

我必须提及它，这是因为它极端重要，充满了对未来的希望，可能是精神分析所有活动中最重要的。我所考虑的，就是精神分析在教育中的应用，在抚育下一代中的应用。

实际上对于精神分析治疗而言，儿童是一个非常适宜的治疗对象，其疗效彻底而持久。当然，成人设计的治疗技术必须做大的改动，从而能适用于儿童。儿童在心理上迥异于成人。（《精神分析新论》）

父母在操心孩子吃穿住行的同时，不妨也学习一些儿童心理学的知识。孩子稚嫩而纯洁的心灵需要呵护，只有了解他们内心深处真实的想法，才能帮助他们健康成长。

科学地对待心灵

因为理智和心灵恰恰和任何非人类存在物一样，也同样是科学研究的对象。精神分析拥有一种特权，可在这一方面为科学的宇宙观辩护，因为人们无法指责它在宇宙图景中忽略了心灵事物。它对科学的贡献，恰恰在于把研究伸向了心灵领域。附带说一句，没有这样的心理学，科学就不会完整。

科学注意到下述事实：人类心理产生了这些要求，并准备考察它们的源泉；但没有任何理由认为这些要求是合理的。相反，科学把这种情况视为一种警告，从而小心翼翼地把每种幻想以及类似的情感要求的产物，与知识区分开来。（《精神分析新论》）

精神分析的主要任务是运用科学的研究方法对人类心灵进行探索。我们即使没有专业化的能力，也可以学点心理学知识，科学地对待自己的行为与心灵，享受美丽人生。

美的盛宴

在美被我们的感觉和我们的判断所发现的一切地方，例如人类形态和姿势的美，自然客体的美，风景的美，艺术创造甚至科学创造的美，在这些情况下生活中的幸福首先是在美的享受中寻求的。作为生活的一个目的，这种对待美的态度对受苦的威胁毫无防备，却能做出大量补偿。对美的享受产生一种特殊的、轻微“中毒”的感觉。（《一个幻觉的未来》）

美妙的事物常撩人心弦，耐人回味，仿佛让我们置身于幻境，令人心驰神往。

生活中的美无处不在，温婉恬静的笑脸、烟波浩渺的大海、明媚炽热的阳光……在我们享受这些美的盛宴时，一股幸福的满足感便会油然而生。

文学的魅力

作家幻想世界的非真实性对他的艺术技巧具有举足轻重的作用。因为许多事情就是这样，如果它们是真实的，就不能给人带来娱乐，在虚构的剧作中却能够带来娱乐。有许多动人心弦的剧情本身在实际上是令人悲伤的，但在一个作家的作品上演中，却能变成听众和观众的一个快乐的源泉。（《达·芬奇对童年的回忆》）

在我们阅读小说或者欣赏戏剧的时候，会有种遁入幻想的感觉，似乎现实已经远去。文学的魅力就在于此，它如魔术一般将梦境中的虚幻呈现给我们，在其中我们可以发现一个比现实更纯粹的世界，这个世界虽然来源于我们的生活，却比我们所能经历的生活更广阔。

艺术的魅力

正是某些宏伟壮观、雄踞人寰的艺术创作对我们来说仍是难以理解的幽幽之谜。我们赞美它们，我们被这些艺术珍品所征服，但我们说不清它们向我们表现了什么。

我的意思不是说艺术鉴赏家和艺术爱好者找不到恰当的词语向我们赞美这些艺术品。在我看来，他们能言善辩得很。但在一件伟大的艺术品面前，通常他们是各执己见；而对于谦虚好问的仰慕者所提出的需要解释的问题，他们却都缄口无言。（《达·芬奇对童年的回忆》）

每当我们观赏一件巧夺天工的艺术品、欣赏一幅意境深远的画作，或是聆听一曲美妙动人的音乐时，我们通常都被它们的美所震撼，却猜不透艺术家们的真正意图。艺术的魅力就在于它的美与神秘，当我们融入其中，那种心灵的触动无须多言。

用艺术疗伤

如果由于外部世界的抵抗和个人自身的弱点而使这种努力遭到失败，他就开始逃离现实而退缩到那个更令其满意的幻想世界中，而幻想世界中的内容就会转化成其患病时的症状。

一个与现实冲突的人拥有艺术天赋，他就可以把他的幻想转化为艺术创造，而不是转化成症状。以这种方式，他就能逃脱神经症的厄运，而且通过这种迂回的道路重新获得了与现实的联系。（《精神分析新论》）

艺术是安慰心灵的一剂良药。

生活并不总是像我们期望的那样一帆风顺，当梦想遭遇残酷的现实，我们难免会失落、彷徨。

悲伤的情绪假如可以化作一幕幕镜头、一个个音符，那条从画面和旋律中流淌出的涓涓细流，足以使我们再次寻找到生命的意义。

艺术源自内心

仁慈的自然赋予艺术家通过他创造的作品来表达其最隐秘的心理冲动的能力，甚至这些冲动对他自己来说也是隐藏着的。这些作品强烈地影响着对艺术家完全陌生的人们，这些人自己意识不到情感的来源。（《达·芬奇对童年的回忆》）

善的力量来自慈爱，艺术之美则源自内心。建筑、绘画、音乐的灵感无一不是来自创作者丰富而深邃的内心世界。

为了挖掘这些隐秘的灵感，艺术家需要对生活有着极大的热爱，这种发自内心的真挚情感就是艺术之河得以奔流不息的不竭动力。也许，每个人的内心都有这种艺术家的情感，只是我们意识不到罢了。

艺术家的偏执

在外行人看来的杰作，对艺术作品的创造者来说，仅仅是他意图的不能令人满意的体现。他对完美有一些朦胧的概念，但又对一次次地复制相像的完美感到绝望。他们声言，最不应该的是让艺术家对他的作品的最终命运负责。（《达·芬奇对童年的回忆》）

艺术家都是偏执的，他们追求极致的完美，常人看来的登峰造极，在他们眼中却可能不值一提。可是一个人的生命终究有限，有多少艺术大师是在叹息中离开人世的啊！他们一生孜孜不倦地探寻着艺术的极限，好不容易攀爬到了顶峰，却又渴望征服另一座更高的山峰，到头来也不得不屈服于自己的偏执。

悲剧性的本质

为什么悲剧中的英雄必须受苦？他的“悲剧性罪恶”又是什么？对于这个问题，我想简洁地做一个答复。他必须受苦只是因为他是原父，他的原始悲剧被人以曲解的方式导演出来，他之所以必须承担悲剧性罪恶，主要是因他要替众人受罪。因此，这幕戏剧的出现，我们可以说是一种经过有系统的曲解所形成的，或者我们也可以说是一种由伪善而刻意造成的。（《图腾与禁忌》）

悲剧中的英雄往往历经坎坷和磨难，凭借坚强的意志和命运进行殊死搏斗。人们欣赏这种献身精神，不仅仅是因为感动和同情，从某种角度来看，悲剧中的不幸也满足了人们潜意识中有人能替自己受过的希望。

在现实中面对他人的不幸时，我们好像也常常会感叹幸好这没发生在自己身上。

灵魂舞台上的戏剧

从亚里士多德时代开始，人们就一直认为，戏剧的目的是“唤起恐惧和同情”，从而净化情感。如果是这样说，我们还可以把这一目的更详细地描述成是一个开发人们情感生活中的快乐或享受源泉的问题，就如同在开玩笑或幽默等智力活动中开发相似的源泉一样。

在这一方面，关键问题无疑是人们通过“发泄”而摆脱自己感情的过程，由此而产生的愉快一方面是彻底的发泄而带来的放松，另一方面是伴之而来的性兴奋。

（《精神分析导论》）

戏无情不感人，戏无理不服人。真正优秀的戏剧是在人类灵魂舞台上的演出，它能带给我们的不仅是悲伤和喜悦，也是一种心灵的享受。

诗歌中的生命律动

抒情诗比其他任何形式都更能实现发泄多种强烈情感的目的——就像跳舞也能发泄情感一样。史诗主要是能让人感觉到英雄人物胜利时的喜悦。（《精神分析导论》）

抒情诗就像是一条静静流淌的小河，河面上映照着爱情的忧伤、别离的心痛、人生的酸楚、世间的无情……我们在其中看到了诗人的灵魂，也看到了自己。史诗更像是一片无边无际的大海，苍茫之中是历史的沉浮和英雄的胜利，它记录了人类和命运抗争的不朽传奇。

我们在诗歌中可以创造生活的诗意，也能在诗歌中发现生命的律动。